海南省马克思主义理论研究和建设工程

重 点 资 助 项 目

治国理政的思维艺术

李 军/主编

人民出版社

本书编委会

主　编　李　军

副主编　彭京宜　傅治平

编　撰　(按姓氏笔画为序)
　　　　　王明初　江彩云　李　军
　　　　　李辽宁　郭晓帆　彭京宜
　　　　　傅治平

目　录

CONTENTS

序

    党的十九大把"习近平新时代中国特色社会主义思想"写进了党章，实现了党的指导思想的与时俱进。作为中国特色社会主义理论体系的重要组成部分，习近平新时代中国特色社会主义思想，既是对马克思列宁主义、毛泽东思想、邓小平理论、"三个代表"重要思想、科学发展观的继承和发展，也是马克思主义中国化的最新理论成果。这一最新理论成果，是党和人民实践经验和集体智慧的结晶，习近平同志是这一思想的主要创立者。十八大以来，习近平同志以马克思主义政治家、理论家的深刻洞察力、敏锐判断力和战略定力，运用科学的思维方法指导治国理政的伟大实践，提出了一系列具有开创性意义的新理念新思想新战略，为新时代中国特色社会主义思想的创立发挥了决定性作用、作出了决定性贡献。因此，我们要努力学习习近平同志在治国理政实践中运用的科学的思维方法，这将有助于加快对习近平新时代中国特色社会主义思想的领会与践行。

一

　　思维，即思想的维度。通俗一点说，思维是考虑问题的角度与涉及的范围，以及解决问题的方法路径。《文心雕龙》有一段话说："文之思也，其神远矣。故寂然凝虑，思接千载，悄焉动容，视通万里；吟咏之间，吐纳珠玉之声；眉睫之前，卷舒风云之色；其思理之致乎？故思理为妙，神与物游。"清代黄叔琳在注解这段话时指出："此言思心之用，不限于身观，或感物而造端，或凭心而构象，无有幽深远近，皆思理之所行也。寻心智之象，约有二端：一则缘此知彼，有校量之能；一则即异求同，有综合之用。由此二方，以驭万理，学术之源，悉从此出，文章之富，亦职兹之由矣。"意思是：只要专心致志地思考，思想的维度就可以连接古今，纵横天地，如天马行空般穿梭于千万里山河之间。故"神与物游"的思维，不仅仅是文学作品的源头，也是思想理论的源头。

　　思想是思维活动的结果。思想是抽象地对客观存在的社会状况和本身需求进行思考、思维，从而形成的较成熟的观念与系统性的思路。思想作为行动的指南，应该是一个全面系统的理论体系。而全面系统的理论体系，又是在科学、先进的思维活动过程中形成的。党的十八大以来，习近平同志就治国理政发表的一系列重要讲话，则完整地展示出习近平同志运用科学、先进的思维方法创建新时代中国特色社会主义思想的思维轨迹。

　　过去，我们常喜欢讲一句话：观念先行。意谓在任何改革实践之前，都应该有观念作引路的先导。思维是行走着的思想观念，也是思想观念形成的前驱。每当一种新的思想观念的产生，都会有积极的思维活动在前面开道。积极的思维活动为新的实践提供充分的思想准备和行动思路，从而产生新理念新思想新战略。新理念新思想新战略在实际中践行，在实践的检验中得到充分肯定，然后成为进一步的行动指导。从这个意义上讲，新理念新思想新战略，都是在思维方法付诸实践的过程中形成的，包括由种种先进观念集合而成的理论形态，都是思维与实践结合的产物。伟大的思想来自伟大的实践，而伟大的实践又在伟大的思想引领下向纵深发展。党的十九大报告对十八大以来五年实践作了准确的总结：五年来的成就是全方位的、开创性的，五年来的变革是深层次的、根本性的。而这五年来取得的成就与发生的变革，在于我们党以巨大的政治勇气和强烈的责任担当，提出一系列新理念新思想新战略，出台一系列重大方针政策，推出一系列重大举措，推进一系列重大工作，解决了许多长期想解决而没有解决的难题，办成了许多过去想办而没有办成的大事，推动党和国家事业取得非凡的成就和发生历史性变革。分析十八大以来取得的全方位、开创性的成就和中国社会发生的深层次的、历史性的变革，根本在于以习近平同志为核心的党中央的坚强领导，在于习近平新时代中国特色社会主义思想的科学指导，而习近平同志在治国理政中运用科学的思维方法形成的理论成果是这一伟大思想的重要组成部分。

因此，我们在探讨新时代中国特色社会主义思想形成的多种原因时，在探讨十八大以来的新理念、新思想、新战略从何而来时，势必要联想到习近平同志提出新理念新思想新战略所运用的思维方式。学习习近平新时代中国特色社会主义思想，我们发现，习近平同志在思考、解决问题时，并没有拘泥于某一种思维方式，而是根据实际情况，充分发挥自己所掌握的各种思维方式的作用，找出最佳途径最佳方案。他对思维方式的运用，已经达到一个前所未有的新高度，把思维方法的运用变成了思维艺术。而当思维方法的运用成为一种艺术时，他所处理的党务、政务的"万机"，都化成泽被天下的福祉；当思维方法的运用成为一种艺术时，他对党和国家的前途命运的擘划设计，都变成全社会奋力求索的动力；当思维方法的运用成为一种艺术时，古今中外的思维智慧都被有效地整合起来，形成具有时代特色的新思想。

习近平同志在治国理政实践中把思维方法变成思维艺术的事实告诉我们，思维艺术不是文学艺术家的专利，更是治国理政的利器。

<h2 style="text-align:center">二</h2>

探讨习近平同志治国理政的思维艺术，我们发现有四大基本特色：

一是思维的维度定位于以人民为中心。以人民为中心，就是说，不管运用哪一种思维方法，不管考虑要解决哪个方面的问题，都坚持人民立场——站在人民的角度想问题、做事情。以人民为中心，这是马克思主义群众史观与一切形形色色的英雄史观、唯心史观的根本区别；以人民为中心，不仅强调人民群众是历史发展的主人翁，社会物质财富和精神财富的真正创造者，而且强调尊重群众、依靠群众、为了群众、造福群众；以人民为中心，将历史的主体支撑、动力源泉和价值指向定位于最大多数人民群众，其思维之维也必然为制定社会发展战略策略提供理论与实践的根本支撑。党的十八大以来，以习近平同志为核心的党中央由于把握住了最广大人民群众根本利益的内在要求和发展趋势，始终坚持以人民为中心、为人民造福，一心同人民想在一起、干在一起，其治国理政的举措得到最广泛的社会支持与响应，中国特色社会主义建设也因之步入新的里程。

二是思维过程不忘初心和使命。在习近平同志的讲话中，有一个常用词：不忘初心。中国共产党人的初心和使命是什么？就是为中国人民谋幸福，为中华民族谋复兴；就是把社会主义现代化建设作为中国最大的政治，把发展中国特色社会主义当作实现和维护人民利益、维护人民价值至上的根本保证。作为党和国家领导人，时刻牢记党的历史使命，时刻牢记"接过历史的接力棒，继续为实现中华民族伟大复兴而努力奋斗"。他站在人民立场深情地提出实现中华民族伟大复兴的中国梦，并从多方面阐述了中国梦的深刻含义和实现路径。他反复叮嘱，要"坚持不忘初心、继续前进，就要坚信党的根基在人民、党的力量在人民，坚持一切为了人民、一切依靠人民，充分发挥广大人民群众积极性、主动性、创造性，不断把为人民造福事业推向前进"。在党的十九大报告中，更是开宗明义阐明大会的主题：不忘初心，牢记使命，高举中国特色社会主义伟大旗帜，决胜全面建成小康社会，夺取新时代中国特色社会主义伟大胜利，为实现中华民族伟大复兴的中国梦不懈奋斗。

三是用问题引领思维路径。从问题入手，就如习近平同志形容的，是牵住"牛鼻子"，把握和解决矛盾的关键点。运用科学的思维方法，寻求解决问题的最佳方案与路径，就要抓住事物的矛盾法则即对立统一规律。在治国理政的实践中，习近平同志特别注意分析和研究中国的现实国情和社会主要矛盾，明确党在各个历史时期的奋斗目标，确定党所肩负的主要任务，及时实现中心任务的转变，从而切实有效解决现实中的主要矛盾，取得事业的不断前进。习近平同志告诉领导干部，"要学习掌握事物矛盾运动的基本原理，不断强化问题意识，积极面对和化解前进中遇到的矛盾""我们强调不能简单以国内生产总值增长率论英雄，提出加快转变经济发展方式、调整经济结构，提出化解产能过剩，提出加强生态文明建设，等等，都是针对一些牵动面广、耦合性强的深层次矛盾的"。正是这样的思维特色，使他对当前中国的社会主要矛盾的变化作出了新的判断：中国特色社会主义进入新时代，我国社会主要矛盾已经转化为人民日益增长的美好生活需要和不平衡不充分的发展之间的矛盾。根据社会主要矛盾的变化，习近平同志在十九大报告中强调：我国社会主要矛盾的变化是关系全局的历史性变化，对党和国家工作提出了许多新要求。我们要在继续推动发展的基础上，着力解决好发展不平衡不充分问题，大力提升发展质量和效益，更好满足人民在经济、政治、文化、社会、生态等方面日益增长的需要，更好推动人的全面发展、社会全面进步。

四是多种思维方法综合应用。很多时候，我们学习习近平新时代中国特色社会主义思想时，不仅感觉到是在接受学习教育，而且还有一种美的享受。在治国理政的实践中，习近平同志治国理政的思维方式并非单独存在，而是对多种思维方式的综合而提出的创新举措。他将各种思维方式巧妙穿插在讲话中，运用于实践中，既生动，又给人启迪。而通过多种思维方式的综合运用，帮助我们快捷地认识事物的客观规律，把握他为实现中国梦所作的顶层设计，也给我们指引了实施新理念新思想新战略的最佳途径。习近平同志治国理政的创新实践具有综合性，是多种思维方式集成使用的过程与结果。事实上，当前中国经济、政治、文化、社会、生态各种关系紧密勾连，休戚相关，国内外各种矛盾交织重叠，错综复杂，各领域、各部门、各系统相互制约、相互影响，彼此高度耦合互动，牵一发而动全局。任何单向思维、线性思维以及单兵突进的局部思维都无法应对当前复杂的局面。只有从整体思维、系统思维出发，统筹谋划，协同推进，注重不同矛盾及矛盾各方之间的相互协作、相互支持、相互补充，实现价值共赢，才能有创新的举措，才能有效应对和化解系统矛盾和复杂矛盾。习近平同志之所以能够在治国理政方面实现一系列理论和实践创新，表现出强大旺盛的创新能力，是因为其思维方式是多种思维方式高度统一，协同共行，仅仅有其中一项都不可能有这些成果。例如，他提出的"四个全面"战略布局，无疑是其思维方式的一次集大成体现。"四个全面"抓住了新时期改革发展稳定问题的关键，即全面协调推进，实现动态平衡与一体联动，从而以综合集成的立体化开放性思维破解了改革发展稳定的时代难题，提炼出引导当代中国发展的核心理念——协调推进"四个全面"，体现了多管齐下、多元协调发展的综合集成的新战略，为进一步推动中国特色社会主义实践提供了重要的方法论启示。

三

习近平同志在对思维方法的运用上，堪称大师。十八大以来的治国理政实践中，独辟蹊径地运用各种思维方法，有效地解决了现实中的各种疑难杂症。而且，在他运用多种思维方式时，还随时随地"金针度人"，教导各级领导干部在处理各个问题时，如何准确地运用各种思维方式。

习近平同志在主持 2013 年 1 月中共中央政治局的第三次集体学习时提到战略思维一词，此后在多次重要讲话中，强调战略思维永远是中国共产党人应该树立的思维方式。十八大之后的五年来，围绕中华民族伟大复兴的图景——实现中国梦的战略构想，形成了以"五位一体"总体布局和"四个全面"战略布局为关键、以新发展理念为引领、以增进人民福祉为根本的治国理政新理念新思想新战略，并把顶层设计的战略思维贯穿到伟大工程，形成了一个个战略矩阵。

辩证思维是习近平同志经常强调和运用的重要思维方法。自2013年的全国组织工作会议上提到辩证思维之后，有人做过粗略统计，在公开场合，习近平同志对辩证思维的阐述达60多次。而且，习近平同志辩证思维的一个重要特点是"战略辩证"，即用辩证思维来把握战略谋划，"作出最为有利的战略抉择"。

习近平同志经常运用的历史思维方法，在其公开讲话与文章里出现过30多次。他认为，历史是最好的老师，它忠实记录下每一个国家走过的足迹，也给每一个国家未来的发展提供启示。他说："一个民族、一个国家，必须知道自己是谁，是从哪里来的，要到哪里去，想明白了、想对了，就要坚定不移朝着目标前进。"他在十九大报告中就十八大这五年来的变革与成就，作了"历史性"的判断，就是运用历史思维的方法得出的结论。

底线思维作为习近平同志担任党和国家领导人之后提出的概念，在此后有关治国理政的讲话中数十次提及。他告诫领导干部："要善于运用'底线思维'的方法，凡事从坏处准备，努力争取最好的结果，这样才能有备无患、遇事不慌，牢牢把握主动权。"在实践中，底线思维运用得更多了：在涉及国家核心利益的问题上，习近平亮明的底线，是坚定不移维护自己的主权、安全、发展利益；在法治方面，习近平同志在全面推进依法治国专题研讨班开班式上强调，领导干部要牢记法律红线不可逾越、法律底线不可触碰，带头遵守法律、执行法律，带头营造办事依法、遇事找法、解决问题用法、化解矛盾靠法的法治环境。在经济方面，习近平同志强调，深刻认识和高度重视经济运行中的突出矛盾和问题，深刻认识和全面把握国际经济形势，坚持底线思维，切实做好工作。在环境保护方面，习近平同志强调，要守住发展和生态"两条底线"；在要求干部清正廉洁方面，习近平同志强调，干部廉洁自律的关键在于守住底线……

精准思维也是习近平同志反复教导各级领导干部应该运用的思维方式。2013年的冬天，习近平同志在湘西考察时，首次提出"精准扶贫"，并强调扶贫要实事求是，因地制宜。要精准扶贫，切忌喊口号，也不要定好高骛远的目标。在中共中央政治局第三十九次集体学习时，习近平同志在主持学习时强调，言必信，行必果。农村贫困人口如期脱贫、贫困县全部摘帽、解决区域性整体贫困，是全面建成小康社会的底线任务，是我们作出的庄严承诺。要强化领导责任、强化资金投入、强化部门协同、强化东西协作、强化社会合力、强化基层活力、强化任务落实，集中力量攻坚克难，更好推进精准扶贫、精准脱贫，确保如期实现脱贫攻坚目标。

习近平同志在党的十九大报告中讲到全党要增强执政本领的内容，列举了治国理政实践中最为常用的五种思维方式，将其作为增强政治领导本领的重要内容，告诫全党同志："增强政治领导本领，坚持战略思维、创新思维、辩证思维、法治思维、底线思维，科学制定和坚决执行党的路线方针政策，把党总揽全局、协调各方落到实处。"在治国理政的实践中，习近平同志运用的思维方法还有许多种。本书从习近平同志一系列重要论述中，撷取了十一种思维方式，尽作者的理论水平作了一些简单的解读，希望能够为广大干部学习提升政治领导本领提供参考，更希望能够藉此激发更多人学习习近平新时代中国特色社会主义思想的兴趣与热情，在将这一伟大思想的精神变为实践的同时，将思维方法的运用变成一种艺术，使我们的思想与行动更接地气、更孚人心。

第一章
治国理政之战略思维

    战略，是一种从全局考虑谋划实现全局目标的规划。战略思维则是一种基于全局性战略的思维活动，具体来说，就是"关于实践活动的全局性思维，是系统地、创造性地思考，规划全局性问题时的思维活动过程，是运用时间和空间的一门艺术……"战略思维的主体是人，不同的人，处于不同的时空，站立于不同的立足点，其战略思维便呈现不同的特点，其思维的方向与行动的心态甚至截然相反。毛泽东就曾说过，在战略上藐视敌人，在战术上重视敌人。战略把握着大方向和总体目标，战术是遵循大方向、实现总体目标的具体行为。方向正确、目标明确，行动就会提高效率，少走弯路。党的十八大以来，以习近平同志为核心的党中央深谙此理，勇于担当、高瞻远瞩、运筹帷幄、驾驭全局，在治国理政的实践中处处闪耀着战略思维的智慧光芒。

一、不谋全局者，不足谋一域

古人讲："不谋万世者，不足谋一时；不谋全局者，不足谋一域。"强调从全局的角度、从长远的利益来思考、筹划事情。战略思维作为治国理政的一种高瞻远瞩、统揽全局、把握事物发展总体趋势和方向的思维方法，展示的是看问题的高度和深度，是对国家和民族当前和未来走向的战略思考。党的十九大提出"决胜全面建成小康社会，开启全面建设社会主义现代化国家新征程"所要实施的一系列发展战略：科教兴国战略、人才强国战略、创新驱动发展战略、乡村振兴战略、区域协调发展战略、可持续发展战略、军民融合发展战略，就是这种思维智慧的结晶。可以说，作为一个政党、一个国家、一个地区的领导人，最需要具备这种高瞻远瞩的思维智慧。

1. 战略思维：高瞻远瞩的思维智慧

谈战略思维，还要从战略谈起。无论是中国还是西方，战略（strategy）一词最早均出现在军事领域。在西方，"strategy"源于希腊语"strategos"，意为军事将领、地方行政长官。后来演变成军事术语，指军事将领指挥军队作战的谋略。在中国，早在春秋时期就有了关于战略的论述，《孙子兵法》被认为是中国最早对战略进行全局筹划的著作。战略是战略思维的结果。用战略思维获得的战略，往往都是直接影响大局的行为方式。而能够作出战略决策者，往往是一个单位、一个企业、一个地区、一个国家的领导者。历代大政治家都特别注重战略问题，善于运用战略思维。

中国共产党之所以能够从胜利走向胜利，一个重要原因就在于战略思维的胜利。农村包围城市是战略，抗战时期的持久战是战略，抗美援朝也是战略，一边倒的外交政策也是战略，改革开放也是战略。正是因为战略思维上的正确，中国共产党才在一个又一个关键点上取得了属于自己的辉煌成绩。

以习近平同志为核心的新一届党中央注重战略问题，格外重视战略思维。在纵论国际国内大势、描绘改革发展蓝图时，习近平反复强调领导干部要有战略思维和战略眼光。2013 年 1 月，中共中央政治局就坚定不移走和平发展道路进行第三次集体学习，习近平同志在主持学习时提到"战略思维"一词。习近平同志强调，走和平发展道路，是我们党根据时代发展潮流和我国根本利益作出的战略抉择。我们要以邓小平理论、"三个代表"重要思想、科学发展观为指导，加强战略思维、增强战略定力，更好统筹国内国际两个大局，坚持开放的发展、合作的发展、共赢的发展，通过争取和平国际环境发展自己，又以自身发展维护和促进世界和平……这是十八大以来，习近平成为党和国家领导人之后在公开讲话中首次提及的。

2013 年 11 月，中共十八届三中全会审议通过了《中共中央关于全面深化改革若干重大问题的决定》。全面深化改革这样一个重大任务，如果缺乏科学理论思维的有力支撑，就难以战胜各种风险和困难，难以有效推进、取得实效。因此，需要提高运用科学理论思维观察、分析、解决问题的能力，不断增强工作的科学性、预见性、主动性和创造性。在其后的 2013 年 12 月，中央政治局举行第十一次集体学习，历史唯物主义基本原理和方法论成为学习重点，习近平同志又一次提到战略思维。习近平同志不但多次提到战略思维，还强调战略思维永远是中国共产党人应该树立的思维方式。

以习近平同志为核心的党中央重视战略思维，一以贯之。2017

年 10 月 18 日，中国共产党第十九次全国代表大会胜利召开。在习近平代表第十八届中央委员会向大会作的报告中，战略一词出现了 42 次。在"坚定不移全面从严治党，不断提高党的执政能力和领导水平"这一节中，报告明确指出，"坚持问题导向，保持战略定力，推动全面从严治党向纵深发展"。而在"全面增强执政本领"这一小点中，报告把坚持战略思维放在"增强政治领导本领"的首位。

2. 战略思维的着眼点：人民、民族、国家

战略思维，并不局限于特定人、特定组织、特定团体和特定国家。从发展的角度来看，由于面对着不同的战略选择背景，不同的主体自然会做出不同的战略选择。作为中国共产党人，以习近平同志为核心的党中央的战略思维同样具有鲜明的特点，集中体现在其价值取向上。十八大以来，以习近平同志为核心的党中央，高度重视战略思维，从党和国家事业发展全局高度和长远角度，从理论和实践结合上系统回答新时代坚持和发展什么样的中国特色社会主义、怎样坚持和发展中国特色社会主义这一重大时代课题，对坚持和发展中国特色社会主义一系列全局性、长远性、根本性的重大理论与实践问题，进行系统全面的战略思考、战略谋划、战略决策和战略部署，凸显出鲜明的中国共产党人的思维特色。

其一，人民根本利益是战略思维的出发点和落脚点。中国共产党的宗旨是全心全意为人民服务。在 90 多年的发展历程中，尽管在不同的阶段，中国共产党人进行了不同的战略选择，但其根本目的都可以归结到这一宗旨。以习近平同志为核心的党中央同样是这样。十八大以来，习近平频频告诫广大党员干部："党性和人民性从来都是一致的、统一的。"我们党是全心全意为人民服务、代表中国最广大人

民根本利益、来自人民为了人民的马克思主义政党。"党的一切工作，必须以最广大人民根本利益为最高标准。检验我们一切工作的成效，最终都要看人民是否真正得到了实惠，人民生活是否真正得到了改善，人民权益是否真正得到了保障。"十九大报告更是明确指出，"全党必须牢记，为什么人的问题，是检验一个政党、一个政权性质的试金石。带领人民创造美好生活，是我们党始终不渝的奋斗目标。必须始终把人民利益摆在至高无上的地位……"这正是我们党战略思维的基本价值取向，同样也是习近平战略思维的根本出发点。

其二，民族最高利益是战略思维的着力点。无论主体如何不同，但战略思维着眼的都是大事，习近平同志的战略思维也不例外。在习近平的战略思维里边，实现民族的最高利益是其最为重要的价值取向。2012 年 11 月 29 日，习近平同志在参观《复兴之路》展览时首次提出"中国梦"战略思维，这蕴涵着中华民族最高利益的价值取向。他指出："实现中华民族伟大复兴，就是中华民族近代以来最伟大的梦想。这个梦想，凝聚了几代中国人的夙愿，体现了中华民族和中国人民的整体利益，是每一个中华儿女的共同期盼。"这一战略思维不仅体现了马克思主义分析问题、解决问题的科学世界观和方法论，还体现出领航中国的战略思维实现路径。2013 年 3 月 7 日，在第十二届全国人大第一次会议上，习近平进一步阐明了中国梦的基本内涵，即"国家富强、民族振兴、人民幸福"，"中国梦归根到底是人民的梦，必须紧紧依靠人民来实现，必须不断为人民造福"。

十九大报告提出的"两步走"是这一战略思维的鲜明体现。十九大报告指出，综合分析国际国内形势和我国发展条件，从二〇二〇年到本世纪中叶可以分两个阶段来安排。第一个阶段，从二〇二〇年到二〇三五年，在全面建成小康社会的基础上，再奋斗十五年，基本实现社会主义现代化。第二个阶段，从二〇三五年到本世纪中叶，在基本实现现代化的基础上，再奋斗十五年，把我国建成富强民主文明和谐美丽的社会主义现代化强国。这一战略部署，把人民利益与民族利益很好地结合了起来，并凸显了民族利益，"开启了全面建设社会主义现代化强国新征程，指明了中华民族伟大复兴的前进方向"，被认为是十九大报告的最大创意之一。

其三，国家核心利益是战略思维的关键点。人民的根本利益与国家的战略利益是紧密相连的，在整个地球仍然是以国家为基本单位的时代，国家利益特别是国家核心利益是人民利益的重要保证。近代以来，随着国门的打开，我国长期积贫积弱，国家主权不保，人民流离失所，"弱国无外交"的体验至今仍然激发着奋进的中国人民。也正是因为这一点，基于人民群众根本利益的战略趋向，决定了必须要在战略层面捍卫国家核心利益。正如习近平 2013 年 1 月 28 日中央政治局第三次集体学习时阐明的："我们要坚持走和平发展道路，但决不能放弃我们的正当权益，决不能牺牲国家核心利益。任何外国不要指望我们会拿自己的核心利益做交易。"同样，2014 年 3 月 28 日，他应德国科尔伯基金会邀请在柏林发表重要演讲时再次强调了这一点，"在事关中国主权和领土完整的重大原则问题上，我们不惹事，但也不怕事，坚决捍卫中国的正当合法权益。"有学者认为，新时期中国的大国外交，首先，要能更为有效地维护和增进自身国家利益，这是大国外交最为基本的诉求和目标。比如，在机遇与挑战并存的当今世界，如何更好地维护国家核心利益？在中国利益全球化的今天，如何更为有效地保护自身日益增长的海外利益？在各国都重视发展软实力的时代，如何拓展中国在国际社会的影响力和话语权？其次，中国的大国外交还意在表明，中国将积极推动国际秩序的变革与完善，深入参与全球治理进程，负责任地承担与自身实力相称的大国责任。这是一个大国应有的责任担当，也是国际社会对中国发展的一种期待。党的十九大报告提出，"推动构建人类命运共同体"，是对"坚持和平发展道路"的再一次宣示，反映了大多数国家的普遍期待，符合国际社会的共同利益，得到国际社会的广泛欢迎和支持。这一战略思维为当前国际背景下如何最大限度实现我国国家利益指明了方向。

3. 坚持不忘初心的战略定力

战略思维不能只重视战略构建而轻视战略实施，也不能只有战略筹划而没有战略执行。对于战略执行来说，也不能只注重战略执行的客观条件而忽视战略执行的主观意志。之所以说习近平同志的战略思维是一个科学的体系，就在于它本身就是一个"系统"，涵盖战略的各个方面。就战略执行来说，除了战略布局的确立外，习近平同志尤其重视战略定力，也就是保障战略实现的一种主观意志和精神状态。

习近平同志指出，找到一条好的道路不容易，走好这条道路更不容易。战略定力就表现在，对于道路方向高度自觉、充满自信、坚定不移，"任尔东西南北风"；对于业已制定的大政方针延续稳定，不患得患失，不瞻前顾后，"咬定青山不放松"；面对错综复杂、风云变幻的环境，平心静气，该变则迅速变，不该变则坚决不变，"乱云飞渡仍从容"。而这种战略定力，正是战略思维能力的结果。以习近平同志为核心的党中央，立足中国放眼世界，虚心学习借鉴人类社会创造的一切文明成果，从而科学把握事物发展的总体趋势和方向，引导全党站在时代前沿和战略全局高度观察、思考、处理问题，从政治上认识和判断形势，透过纷繁复杂的表面现象把握事物的本质和发展的内在规律。

中国共产党的战略定力，就来源于中国共产党的初心。十九大对此进一步明确，大会的主题就是"不忘初心，牢记使命"。"中国共产党人的初心和使命，就是为中国人民谋幸福，为中华民族谋复兴。这个初心和使命是激励中国共产党人不断前进的根本动力"。因此，90多年来，无论是顺境还是逆境，我们党都初心不改、矢志不渝，团结带领人民历经千难万险，付出巨大牺牲，敢于面对曲折，勇于修正错误，攻克了一个又一个看似不可攻克的难关，创造了一个又一个彪炳史册的人间奇迹。在十九大报告中，"人民"二字一共出现了203次。"全党同志一定要永远与人民同呼吸、共命运、心连心，永远把人民对美好生活的向往作为奋斗目标，以永不懈怠的精神状态和一往无前的奋斗姿态，继续朝着实现中华民族伟大复兴的宏伟目标奋勇前进。"习近平同志的这一谆谆告诫，更是形象地体现了以习近平同志为核心的当代中国共产党人的战略定力。

二、战略问题是一个政党、一个国家的根本性问题

战略思维的意义和价值在于其思想性、前瞻性、指导性。2014年8月，习近平同志在纪念邓小平同志诞辰110周年座谈会上明确指出，战略问题是一个政党、一个国家的根本性问题。战略上判断得准确，战略上谋划得科学，战略上赢得主动，党和人民事业就大有希望。

1. 推进当代中国的顶层设计

战略思维是顶层设计的必要手段。因为顶层设计往往是关于全局和长远的战略思考。习近平战略思维的重要意义，首先在于继承了中国共产党人时刻永葆先进性的品格，为处于新的历史方位的中国共产党的历史担当进行了顶层设计，从而推动中国特色社会主义事业进入了一个全新的局面。正如习近平所强调："坚持和发展中国特色社会主义是一篇大文章，邓小平同志为它确定了基本思路和基本原则，以江泽民同志为核心的党的第三代中央领导集体、以胡锦涛同志为总书记的党中央在这篇大文章上都写下了精彩的篇章。现在，我们这一代共产党人的任务，就是继续把这篇大文章写下去。"

值得指出的是，习近平的战略思维的形成，是奠基于改革开放30余年积累的基础上的。截至党的十八大，从党的十一届三中全会算起，中国的改革开放事业已经进行了34年。这30多年来，在中国共产党的领导下，中国人民的面貌、社会主义中国的面貌、中国共产党的面貌都发生了深刻变化，中国的国际地位显著提高；我国的经济体制、政治体制、文化体制、社会体制、生态文明体制以及党的建设等方面，均发生了深刻的变化，变革之深、影响之广前所未有，成就举世瞩目。与此同时，改革所面临的一些新的困难和问题，也不容否认。比如：发展中不平衡、不协调、不可持续问题依然突出，科技创新能力不强，产业结构不合理，发展方式依然粗放，城乡区域发展差距和居民收入分配差距依然较大，社会矛盾明显增多，教育、就业、社会保障、医疗、住房、生态环境、食品药品安全、安全生产、社会治安、执法司法等关系群众切身利益的问题较多，部分群众生活困难，形式主义、官僚主义、享乐主义和奢靡之风问题突出，一些领域消极腐败现象易发多发，反腐败斗争形势依然严峻，等等。种种迹象表明，传统的发展模式已经难以为继。新加坡国立大学东亚研究所所长郑永年认为，"习近平的目标不仅是做好两个任期，而是在规划下一个30年中国发展的蓝图"。从十九大报告来看，这种战略意图更加清晰。

新加坡国立大学法学院副教授王江雨在《联合早报》撰文称，十九大报告是"一个中国发展新模式的宣言书和蓝图"。王江雨认为，目前看来，习近平领导的团队似乎对中国的未来发展有着一整套的"顶层设计"，至少有着相对清晰的想法，标志着中国已经走出了"摸着石头过河"的时代。十九大报告对中国特色社会主义阶段的主要矛盾作了重新定义，对中国未来三十年的发展做出了"两个阶段"、"两步走"的清晰战略安排，展现的就是对自身发展模式和方向的确定和自信。

实际上，这种战略思维早在十八届三中全会就初见端倪。2013年11月9日，习近平在十八届三中全会上指出：全面深化改革需要加强顶层设计和整体谋划，加强各项改革的关联性、系统性、可行性研究。我们讲胆子要大、步子要稳，其中步子要稳就是要统筹考虑、全面论证、科学决策。经济、政治、文化、社会、生态文明各领域改革和党的建设改革紧密联系、相互交融，任何一个领域的改革都会牵动其他领域，同时也需要其他领域改革密切配合。如果各领域改革不配套，各方面改革措施相互牵扯，全面深化改革就很难推进下去，即使勉强推进，效果也会大打折扣。2013年11月12日，党的十八届三中全会通过了《中共中央关于全面深化改革若干重大问题的决定》，成为指导新时期深化改革的纲领性文献。而十八届三中全会的决定，也被视为新时期改革的基本蓝图，开启了实现中华民族伟大复兴中国梦的新航程，吹响了全面深化改革的新号角。

以习近平同志为核心的党中央的战略思维，涵盖改革发展稳定、治党治国治军、内政外交国防等各个重大领域，集中体现在习近平新时代中国特色社会主义思想中，主要包括以下十四个方面：(1) 坚持党对一切工作的领导。(2) 坚持以人民为中心。(3) 坚持全面深化改革。(4) 坚持新发展理念。(5) 坚持人民当家作主。(6) 坚持全面依法治国。(7) 坚持社会主义核心价值体系。(8) 坚持在发展中保障和改善民生。(9) 坚持人与自然和谐共生。(10) 坚持总体国家安全观。(11) 坚持党对人民军队的绝对领导。(12) 坚持"一国两制"和推进祖国统一。(13) 坚持推动构建人类命运共同体。(14) 坚持全面从严治党。

2. 推动中国特色社会主义前进的思想引擎

除了为当代中国的顶层设计提供助力外，习近平的战略思维还为中国特色社会主义的各项事业提供了重要支撑。中国特色社会主义事业是集经济建设、政治建设、文化建设、社会建设、生态建设五位于一体的全面发展和进步的事业，其中经济建设是根本，政治建设是保证，文化建设是灵魂，社会建设是条件，生态文明建设是基础。坚持"五位一体"建设全面推进、协调发展，统筹推进经济建设、政治建设、文化建设、社会建设、生态建设，需要战略思维。

经济建设依然是中国的中心，实现"两个一百年"奋斗目标、实现中华民族伟大复兴的中国梦，不断提高人民生活水平，必须坚定不移把发展作为党执政兴国的第一要务，坚持解放和发展社会生产力，坚持社会主义市场经济改革方向，推动经济持续健康发展。但是，从战略思维出发，新时期的发展必须以建设现代化经济体系为战略目标。必须坚持质量第一、效益优先，以供给侧结构性改革为主线，推动经济发展质量变革、效率变革、动力变革，提高全要素生产率，着力加快建设实体经济、科技创新、现代金融、人力资源协同发展的产业体系，着力构建市场机制有效、微观主体有活力、宏观调控有度的经济体制，不断增强我国经济创新力和竞争力。

我们党向来注重政治建设。坚持党的领导、人民当家作主、依法治国有机统一，既是我们党执政60多年的经验总结，也是我们党奋斗的重要目标之一。十八大以来，以战略思维审视我国政治建设的发展实际，就要以保证人民当家作主为根本，以增强党和国家活力、调动人民积极性为目标，以加强党的领导为根本保证，把制度建设摆在突出位置，要长期坚持、不断发展我国社会主义民主政治，积极稳妥推进政治体制改革，推进社会主义民主政治制度化、规范化、法治化、程序化，保证人民依法通过各种途径和形式管理国家事务，管理经济文化事业，管理社会事务，巩固和发展生动活泼、安定团结的政治局面。

文化建设十分重要，扮演着为整个经济社会发展提供智力支持和精神食粮的角色。从战略层面看，大力推进文化建设，就要坚持把社会效益放在首位，社会效益和经济效益相统一；以社会主义核心价值观为引领，加强思想道德建设和社会诚信建设，丰富文化产品和服务，发挥文化引领风尚、教育人民、服务社会、推动发展的作用。要坚持中国特色社会主义文化发展道路，激发全民族文化创新创造活力，建设社会主义文化强国。

社会建设是人民群众自己的事业。解决好人民群众最关心最直接最现实的利益问题，实现"学有所教、劳有所得、病有所医、老有所养、住有所居"等，既是党的宗旨和奋斗目标所在，也是社会发展的内在要求。以战略思维和战略眼光审视社会建设事业，就要围绕构建具有中国特色的社会治理体系，加快形成党委领导、政府负责、社会协同、法治保障的社会治理体制。坚持人人尽责、人人享有，坚守底线、突出重点、完善制度、引导预期，完善公共服务体系，保障群众基本生活，不断满足人民日益增长的美好生活需要，不断促进社会公平正义，形成有效的社会治理、良好的社会秩序，使人民获得感、幸福感、安全感更加充实、更有保障、更可持续。

社会越发展，生态文明建设的重要性就越凸显。以习近平同志为核心的党中央，已经把生态文明建设提高到战略层面，提高到与经济建设、政治建设、文化建设和社会建设同等重要的层面，并赋予生态文明建设更为重要的意义。我们要建设的现代化是人与自然和谐共生的现代化，既要创造更多物质财富和精神财富以满足人民日益增长的美好生活需要，也要提供更多优质生态产品以满足人民日益增长的优美生态环境需要。必须坚持节约优先、保护优先、自然恢复为主的方针，形成节约资源和保护环境的空间格局、产业结构、生产方式、生活方式，还自然以宁静、和谐、美丽。

习近平指出，"全面深化改革是关系党和国家事业发展全局的重大战略部署，不是某个领域某个方面的单项改革"。"经济、政治、文化、社会、生态文明各领域改革和党的建设改革紧密联系、相互交融，任何一个领域的改革都会牵动其他领域，同时也需要其他领域改革密切配合。如果各领域改革不配套，各方面改革措施相互牵扯，全面深化改革就很难推进下去，即使勉强推进，效果也会大打折扣。"毫无疑问，坚持"五位一体"建设全面推进、协调发展，才能形成经济富裕、政治民主、文化繁荣、社会公平、生态良好的发展格局，把中国建设成为富强民主文明和谐美丽的社会主义现代化国家。而要做到这一点，则必须加强党的建设。

中国的问题关键在党，中国的事情要办好，首先是共产党的事情要办好。如何优化党的领导，提高党的执政能力，也是习近平战略思维的重要考虑方面。习近平同志指出，要让权力在阳光下运行，要把权力关进制度的笼子里。这就需要从严治党，进一步完善党内民主和制度建设，形成"不敢腐、不能腐、不易腐"的机制。习近平同志还指出，没有规矩，不成方圆。要牢固树立法律面前人人平等、制度面前没有特权、制度约束没有例外，认真学习制度，严格执行制度，自觉维护制度。他还强调，党要管党，才能管好党；从严治党，才能治好党。全面从严治党永远在路上。坚持问题导向，保持战略定力，推动全面从严治党向纵深发展。这些对加强党的建设的论述，充分体现了以习近平同志为核心的党中央"打铁还需自身硬"的责任担当，是对全党同志的警示，是常态化、制度化、科学化的党建战略思想，也是对党要管党、从严治党基本方针的丰富和发展。党的建设的战略思考，势必为"五位一体"建设全面推进、协调发展提供最为根本的保障。

3. 实现中国梦的理论指南

习近平的战略思维不仅具有推动顶层设计、优化规划发展的指导意义，对于战略方案的执行，同样具有指导意义。我们党成立90多年来之所以能够领导人民不断取得革命、建设和改革事业的胜利，一个十分重要的原因就是我们党能够在历史发展的关键时刻顺应形势、抓住机遇，把遵循客观规律与发挥主观能动性结合起来，积极推动战略转变，牢牢把握战略主动权。新的历史时期，习近平战略思维有助于广大干部群众更好地认识当下的国情，更好地把握战略目标愿景，把遵循客观规律与发挥主观能动性结合起来，从而群策群力，共同推动战略愿景的落地。

面对已经变化了的客观实际，习近平告诉我们，今天的世界已经发生巨大的变化，不能再用过去那种"思维"和"逻辑"来看待中国的发展和进步。在全面深化改革的过程中，如果思想不解放，我们就很难看清各种利益固化的症结所在，很难找准突破的方向和着力点，很难拿出创造性的改革举措。他深刻地指出，"冲破思想观念的障碍、突破利益固化的藩篱，解放思想是首要的。在深化改革问题上，一些思想观念障碍往往不是来自体制外而是来自体制内"。以习近平战略思维为指导，广大干部群众就可以更好地解放思想，把人的精神因素发挥到最大，跳出条条框框限制，克服部门利益掣肘，达到理想效果。具体来说，体现在三个方面：

——更好地处理全局和局部的关系。关于全局和局部的关系，并不是一个新问题。二者的辩证关系，很多人也耳熟能详：一是考虑问题与办事，都要从全局出发，当局部利益与全局利益相冲突时，局部利益要服从全局利益。二是在全局利益得到保障的情况下，局部利益也应该予以兼顾，当各个局部得到保障，会促进全局的安全和利益。但是，正如马克思的一句名言，"哲学家们只是用不同的方式解释世界，而问题在于改变世界"。中国共产党领导全国人民为共产主义的最终目标而奋斗，说一千道一万，归根到底还是要去实践、去创造、去改变。而实践的顺利进行离不开对全局和局部的正确认识。这就需要战略思维。一方面，一个人特别是领导干部的战略思维能力强弱，取决于思考问题的高度、理论研究的深度、知识视野的广度和观察世界的时间跨度；另一方面，其战略思维能力的强弱同时也反映了思考问题的高度、理论研究的深度、知识视野的广度和观察世界的时间跨度。有了战略思维，才能够进行战略运思，才能登高望远着眼大处，而不是被小处和局部所局限，进而才能够准确地认识到全局与局部的关系，在战略执行过程中推动战略愿景扎实地落地。

——更好地处理好当前和长远的关系。当前，我国正处于各方面都在深刻变革的社会转型期，同时也是经济增长速度换挡期、结构调整阵痛期、全面深化改革攻坚期。一方面，困难和问题是严峻的，另一方面，也要看到未来是可以期待的。当前是长远的起点，长远是起点的继续。改革中要统筹兼顾当前与长远的关系，既要立足当前，又要着眼长远，科学规划，分类推进，确保改革取得预期效果，就需要战略思维。这是因为战略思维包含着系统思维、历史思维等，能够超越眼前的局限而对整个历史发展进行纵深分析和把握，从而抓住事物发展的本质，牢牢把握时代发展的脉搏而站在时代前列。30多年前，当以邓小平为核心的党中央科学把握和平与发展这个时代主题，以高超的战略眼光做出改革开放的战略决策时，也曾有不少人表示反对。但是，事实的发展证明了这一战略决策的正确。经过改革开放30多年的发展，中国社会正在进入一个新的阶段。以习近平同志为核心的党中央顺应时势，明确提出"两步走"战略，非常好地解决了最终目标与阶段性目标的关系。广大干部群众应紧跟战略步伐，自觉学习习近平同志的战略思维，善于从战略层面认识问题、分析问题、解决问题。

——更好地处理下级与上级的关系。战略思维可以充分发挥决策和执行两个积极性，使下级和执行部门能够更好地理解中央和决策部门的战略意图，从而保证战略方案的有效执行。一个伟大的战略远景是不会自动实现的，需要自上而下的党组织和千百万的共产党员和广大干部群众齐心协力奋斗才能实现。如何充分发挥决策与执行的积极性，把中央的科学决策传递给中下层，是一个非常现实也非常重要的问题。这也要求广大领导干部树立战略思维，善于进行战略分析，善于判断和区分长期因素与短期因素，整体因素和局部因素，并在这种矛盾中找到平衡点；广大领导干部还要善于运用管理科学的战略分析方法，在制定本地区、本部门的发展大计时，力求战略方案科学可行，避免拍脑袋决策、拍胸脯保证；还要善于加强战略管控，一方面要有明确的战略目标、战略重点、优先顺序、主攻方向、工作机制、推进方式和时间表，另一方面也要善于根据内外环境变化及时调整战略方案，保持战略方案与时俱进。

三、战略思维的现实践履

以习近平同志为核心的党中央，其战略思维不仅仅体现在思维层面，更体现在存在与实践层面。十八大以来，以习近平同志为核心的党中央，在治国理政的过程中，善于运用战略思维，从确立战略愿景到构建战略布局再到推动战略合作，从筹划战略决策到实践战略部署再到坚定战略意志，环环相扣，形成科学系统的战略思想。

1. 确立战略愿景

简而言之，战略即规划。因此，战略离不开战略目标和愿景。运用战略思维，就要确立战略愿景，这是战略的核心。一般来说，科学的战略愿景需要满足两个基本条件：一是目标高远，如果仅仅着眼于眼前，根本谈不上战略；二是可以实现。战略愿景的确立，是战略构建的第一步。没有这一步，战略将沦为空想，战略思维也将没有任何意义。

2012 年 11 月 29 日，习近平同志率中央政治局常委和中央书记处的同志来到国家博物馆，参观《复兴之路》展览。在展览过程中习近平同志深情地提出了中国梦的战略愿景，并在此后的逐次论述中完善了这一战略愿景。习近平指出："现在，大家都在讨论中国梦，我以为，实现中华民族伟大复兴，就是中华民族近代以来最伟大的梦想。"经过"雄关漫道真如铁"的昨天，立足"人间正道是沧桑"的今天，"长风破浪会有时"的明天已经在向我们招手。"现在，我们比历史上任何时期都更接近实现中华民族伟大复兴的目标，比历史上任何时期都更有信心、更有能力实现这个目标。"

围绕这一战略愿景，习近平同志还提出了"具体清晰的路线图与时间表"，这就是"两个一百年"奋斗目标：到 2020 年建党一百年时全面建成小康社会，到新中国成立一百年时建成富强民主文明和谐的社会主义现代化国家。把宏伟战略愿景与阶段性战略目标有机结合起来，中国梦不仅奠定了战略基石，更夯实了实践基础。十九大报告对这一战略愿景进一步明确，分两步走：一是在全面建成小康社会的基础上，到 2035 年基本实现社会主义现代化；二是在基本实现现代化的基础上，到二十一世纪中叶，把我国建成富强民主文明和谐美丽的社会主义现代化强国。

2. 构建战略布局

战略愿景不是凭空就会降临的，而是需要奋斗才能得来的，这就需要科学的战略布局。因此，战略布局可以说是战略愿景的实践蓝图，是实践中的战略愿景。以习近平同志为核心的党中央从坚持和发展中国特色社会主义全局出发，立足中国发展实际，坚持问题导向，逐步形成并协调推进全面建成小康社会、全面深化改革、全面依法治国、全面从严治党的战略布局。"四个全面"战略布局，确立了新的历史条件下党和国家各项工作的战略目标和战略举措，是我们党在新形势下治国理政的总方略，是事关党和国家长远发展的总战略，为实现"两个一百年"奋斗目标、实现中华民族伟大复兴中国梦提供了重要保障。

"四个全面"构成了中国特色社会主义总体布局的战略支点，彼此间相互联系、有机统一，成为一个逻辑整体。习近平同志指出：全面建成小康社会是我们的战略目标，到 2020 年实现这个目标，我们国家的发展水平就会迈上一个大台阶，我们所有奋斗都要聚焦于这个目标。全面深化改革、全面依法治国、全面从严治党是三大战略举措，对实现全面建成小康社会战略目标一个都不能缺。全面建成小康社会是实现中华民族伟大复兴中国梦的第一步；全面深化改革为发展注入动力，为社会激发活力；全面依法治国为实现国家治理现代化立规矩护权利，促和谐保稳定；全面从严治党，做到打铁先要自身硬，打造坚强有力的领导核心。

3. 统筹全局发展

改革开放以来，在"让一部分人先富起来"的战略方针指导下，我们国家立足实际，在地域上大体经历了从沿海到内地梯次开放过程，形成了具有区域特点的东、中、西三大经济区。随着对外开放的深入推进，为了缓解地区发展差距，我们党还曾提出并实施了西部开发、东北振兴、中部崛起、东部率先等空间布局战略。但随着时代的发展，既往发展模式的局限性日益凸显。以习近平同志为核心的新一届中央领导集体高瞻远瞩、审时度势，依据世界发展的新趋势，基于大国复兴的新使命，系统谋划了新时期我国发展空间布局的新战略，创新性地提出了长江经济带、京津冀协同发展、"一带一路"倡议三大战略，是其战略思维在发展空间布局上的重要体现。

长江经济带战略是当前中国新一轮改革开放转型实施新区域开放开发战略。长江经济带覆盖上海、江苏、浙江、安徽、江西、湖北、湖南、重庆、四川、云南、贵州等11省市，面积约205万平方公里，人口和生产总值均超过全国的40%，是具有全球影响力的内河经济带、东中西互动合作的协调发展带、沿海沿江沿边全面推进的对内对外开放带，也是生态文明建设的先行示范带。与以往经济发展战略相比，长江经济带战略的最突出特点是，摒弃了梯度发展、纵向布局的模式，及时选择了"以流域为纽带、东中西相统一、横向互补发展"的新模式。改革开放以来，长江经济带已发展成为我国综合实力最强、战略支撑作用最大的区域之一。而长江经济带战略的提出，超出了既往的东中西部区域划分，同时也把北方经济带和南方经济带有机连接了起来，从而实现全国东中西贯通发展和南中北共同发展。2016年9月，《长江经济带发展规划纲要》正式印发，确立了长江经济带"一轴、两翼、三极、多点"的发展新格局："一轴"是以长江黄金水道为依托，发挥上海、武汉、重庆的核心作用，"两翼"分别指沪瑞和沪蓉南北两大运输通道，"三极"指的是长江三角洲、长江中游和成渝三个城市群，"多点"是指发挥三大城市群以外地级城市的支撑作用。以流域为纽带，流域内城市群为核心，形成九大区域板块，无疑会发挥规模经济、聚集经济效应，将促进区域协调发展。

京津冀一体化战略的关键在于功能错位发展。京津冀是中国的"首都圈"，包括北京、天津两个直辖市以及河北的11个地级市，人口超过1亿，GDP占全国的1/10以上。京津冀各地各有特点，各有优势，同时也面临着相应的问题和难题。只有整体上确定各自的功能，才可能避免趋同竞争，达到协同效应和错位发展。北京功能定位是国家首都，职能是国家政治中心、国际交往中心、文化中心和科教中心；天津是首都海上门户、北方经济中心，职能是航运、物流、商贸和高端制造业；河北作为京津腹地，是京津发展的区域载体，主要职能是生态保护、鲜活农副产品供应、京津研发成果转化基地和制造业基地。

2017 年 4 月 1 日，中共中央、国务院决定设立雄安新区。这一举措，在京津冀一体化过程中具有里程碑的意义，是以习近平同志为核心的党中央作出的一项重大的历史性战略选择，是继深圳经济特区和上海浦东新区之后又一具有全国意义的新区，是千年大计、国家大事。设立雄安新区，对于集中疏解北京非首都功能，探索人口经济密集地区优化开发新模式，调整优化京津冀城市布局和空间结构，培育创新驱动发展新引擎，具有重大现实意义和深远历史意义。雄安新区不同于一般意义上的新区，其定位首先是疏解北京非首都功能集中承载地，重点承接北京疏解出的行政事业单位、总部企业、金融机构、高等院校、科研院所等，不符合条件的坚决不能要。这正是中央设立雄安新区的战略意义所在。具体来说，表现在两个方面：一是承接北京非首都功能的疏解。这一点，雄安新区的设立综合了国际国内两方面的经验。从国际经验看，解决"大城市病"问题基本都用"跳出去"建新城的办法；从我国经验看，改革开放以来，我们通过建设深圳经济特区和上海浦东新区，有力推动了珠三角、长三角地区的发展。二是打造一种全新的发展模式，作为落实新发展理念的重大实践，雄安新区将高标准高起点起步，立足当前、着眼长远，既坚持国际标准，又具有中国特色，成为创新驱动发展、改革开放的高地。未来的雄安新区绝非传统工业和房地产主导的集聚区，创新驱动将是其发展基点，进行制度、科技、创业环境的改革创新，吸引高端高新技术企业集聚，建设集技术研发和转移交易、成果孵化转化、产城融合的创新发展示范区。

4. 打造人类命运共同体

自从近代以来，特别是改革开放以来，中国在走向世界的道路上越走越远，已经不可能孤立于国际社会而单独存在。中华民族伟大复兴这一战略愿景的实现，也不可能摆脱全球化这一基本实际。换言之，中华民族伟大复兴的过程，就是中国与世界持续深入互动的过程。随着世界多极化、经济全球化深入发展，随着文化多样化、社会信息化持续推进，处理世界上的事，包括一个国家自身求发展，只有合作才能共赢，对抗则会两败俱伤。如何处理中国与外部的关系，如何在全球化背景下实现和平发展，就需要一个科学的战略定位。

十八大以来，以习近平同志为核心的党中央统筹国内国际两个大局、统筹发展安全两件大事，积极推动更高层面、更大范围、更加紧密的国际战略合作，构建以合作共赢为核心的新型国际关系，打造人类命运共同体，构成了习近平同志战略思维的基本内容之一。从中美相互尊重、互利共赢的合作伙伴关系到中俄全面战略协作伙伴关系，以及中韩"四个伙伴"关系、中德全方位战略伙伴关系、中英面向21世纪全球全面战略伙伴关系，从对亚太周边的邻国伙伴"亲、诚、惠、容"到对非洲各国合作的"真、实、亲、诚"，既有历史积淀，又有现代意识，习近平同志的国际观为世界和平与发展、繁荣与进步提出了独具特色的中国方案，赢得了世界各国的赞誉。

特别是"一带一路"的倡议，更是新时期我国对外发展的新战略，是实施全面对外开放的新举措，是实现我国与周边各国互利共赢发展的新途径。"一带一路"全称是"丝绸之路经济带"和"21世纪海上丝绸之路"。它将充分依靠中国与有关国家既有的双多边机制，借助既有的、行之有效的区域合作平台，"一带一路"旨在借用古代丝绸之路的历史符号，高举和平发展的旗帜，积极发展与沿线国家的经济合作伙伴关系，共同打造政治互信、经济融合、文化包容的利益共同体、命运共同体和责任共同体。亚洲基础设施投资银行、丝路基金等是推进"一带一路"建设与发展的重要保障。

4年来，全球100多个国家和国际组织积极支持和参与"一带一路"建设，联合国大会、联合国安理会等重要决议也纳入"一带一路"建设内容。"一带一路"建设逐渐从理念转化为行动，从愿景转变为现实，建设成果丰硕。一是政策沟通不断深化。我们同有关国家协调政策，对接规划，同40多个国家和国际组织签署了合作协议，同30多个国家开展机制化产能合作。二是设施联通不断加强。目前，以中巴、中蒙俄、新亚欧大陆桥等经济走廊为引领，以陆海空通道和信息高速路为骨架，以铁路、港口、管网等重大工程为依托，一个复合型的基础设施网络正在形成。三是贸易畅通不断提升。2014年至2016年，中国同"一带一路"沿线国家贸易总额超过3万亿美元。中国对"一带一路"沿线国家投资累计超过500亿美元。中国企业已经在20多个国家建设56个经贸合作区，为有关国家创造近11亿美元税收和18万个就业岗位。四是资金融通不断扩大。中国同参与国和组织开展了多种形式的金融合作，这些新型金融机制同世界银行等传统多边金融机构各有侧重、互为补充，形成层次清晰、初具规模的"一带一路"金融合作网络。五是民心相通不断促进。参与国开展智力丝绸之路、健康丝绸之路等建设，在科学、教育、文化、卫生、民间交往等各领域广泛开展合作。

　　"一带一路"倡议被誉为是一个高瞻远瞩的战略构想、一条和平发展的共赢之路、一项脚踏实地的伟大事业。2017 年 5 月 14 日,"一带一路"国际合作高峰论坛在北京成功举办。国家主席习近平在出席"一带一路"国际合作高峰论坛开幕式时指出,"一带一路"倡议顺应时代潮流,适应发展规律,符合各国人民利益,具有广阔前景。我们要乘势而上、顺势而为,推动"一带一路"建设行稳致远,迈向更加美好的未来。中国现代国际关系研究院研究员、博士生导师陈凤英认为,它既传承以团结互信、平等互利、包容互鉴、合作共赢为核心的古丝绸之路精神,又顺应和平、发展、合作、共赢的 21 世纪时代潮流,将"中国梦"与"世界梦"进行有机衔接。2014 年 3 月 27 日,习近平在法国巴黎指出,"中国梦是奉献世界的梦。'穷则独善其身,达则兼善天下。'这是中华民族始终崇尚的品德和胸怀。"一席话,既道出了一个大国的责任与担当,也赢得了阵阵掌声和赞叹。2015 年 9 月 28 日,习近平在联合国讲坛上再次向世界发出了明确的信息:中国人民的梦想同各国人民的梦想息息相通。中华民族伟大复兴的"中国梦"与维护世界的"和平梦"、促进人类共同发展的"进步梦"和谐统一、共荣共生。2017 年 2 月 10 日,"构建人类命运共同体"理念,首次被写入联合国决议中。而命运共同体扎根于中华民族的深厚传统,"和而不同"、"万物并育而不相害"、"道并行而不悖"是中华文明几千年来一直崇尚的理念。习近平将这一理念远播世界,对解决全球问题贡献了闪耀着中国智慧的方案。

第二章
治国理政之历史思维

历史思维是重视学习和总结运用历史经验，善于从历史规律中寻找前进的方向和道路的思维方法。历史思维体现了看问题的历史维度，是我党一个重要的法宝。古人云："以铜为镜，可以正衣冠；以史为镜，可以知兴替；以人为镜，可以明得失。"党的十八大以来，以习近平同志为核心的党中央高度重视历史思维的重要性，在治国理政中善于用历史的思维分析和解决问题，推动科学发展。十八大以来的五年，是党和国家发展进程中极不平凡的五年，取得了改革开放和社会主义现代化建设的历史性成就。

一、以昨日是非求解今日之惑

谈历史思维，还要从历史谈起。历史对于一个国家、一个民族具有非常重要的意义，它是一个人对于国家认同和民族认同的重要载体，正是在对于本国、本民族的历史传统及其文化基因的确证和传播中，个体获得自己的身份认同和精神皈依。清代著名学者龚自珍指出："欲要亡其国，必先灭其史，欲灭其族，必先灭其文化。"正因如此，正确对待历史，无论是党史还是国史，对于维护一个国家、民族和政党的文化安全具有极其重要的意义。历史这一概念有两层含义：一是客观意义上的历史，即世界万事万物的时间存在方式。大到宇宙、生物、人类，中到民族、国家、政党，小到家庭和人们日常生活中的各种事物，都有其时间存在方式，都有历史。二是客观世界在主观上反映的历史，即人对世界万事万物的时间存在方式的反映和记述。我们读到的历史书上的历史，我们称为历史科学的历史，都是这一含义上的历史。习近平指出："历史是一个民族、一个国家形成、发展及其盛衰兴亡的真实记录，是前人的'百科全书'，即前人各种知识、经验和智慧的总汇。"[①]这就是主观意义上的历史。这两层含义的历史，是辩证统一的，而不是分割的独立的两类历史。第二层含义的历史，是一个研究过程，一个不断接近于第一层含义的历史的研究过程。正是在这样的意义上，我们强调历史是客观的，而不能任意选择和打扮、篡改的；同时又鼓励不断深化历史研究，鼓励历史研究中的百家争鸣。

1. 历史的经验值得注意

我们党一贯重视历史思维。习近平同志治国理政的历史思维，是对我党成立以来历史思维的继承，是对历史思维的概况和总结，更是对历史思维的凝练和提升。

早在新民主主义革命时期，毛泽东同志在党的六届六中全会上指

---

① 2011 年 9 月 1 日，习近平在中央党校秋季学期开学典礼上的讲话。

出："今天的中国是历史的中国的一个发展；我们是马克思主义的历史主义者，我们不应当割断历史。从孔夫子到孙中山，我们应当给以总结，承继这一份珍贵的遗产。这对于指导当前的伟大的运动，是有重要的帮助的。"1944年，在中国革命迅速发展、抗日战争胜利在望的时候，他高度评价郭沫若撰写的《甲申三百年祭》，要求在解放区重印这篇文章，目的是"叫同志们引为鉴戒，不要重犯胜利时骄傲的错误"。新中国成立以后，毛泽东同志多次向全党特别是领导干部发出学习历史的号召，强调要了解中国历史和世界历史，特别要了解和懂得鸦片战争以来的中国近代历史和中国共产党的历史。

邓小平同志也十分重视学习历史和借鉴历史经验。他把了解和懂得历史看作是"中国发展的一个精神动力"，明确指出"总结历史是为了开辟未来"，反复强调"要用历史教育青年，教育人民"。党的十一届三中全会以后，邓小平同志和中央领导集体一起，领导全党总结我国建设社会主义正反两方面经验，借鉴其他社会主义国家兴衰成败的历史经验，制定了党在社会主义初级阶段"一个中心、两个基本点"的基本路线和一整套方针政策，开辟了建设中国特色社会主义新道路，为党和国家事业顺利发展指明了正确方向。

江泽民同志高度重视历史和历史经验的学习与运用，多次强调党和国家各级领导干部要注意读史，高级干部尤其要带头这样做。他指出："今天的中国是历史的中国的发展，作为当代中国的领导干部，如果不了解中国的历史，特别是中国的近代史、现代史和我们党的历史，就不可能认识和把握中国社会发展的客观规律，继承和发扬我们党在长期斗争中形成的光荣传统，也就不能胜任领导建设有中国特色社会主义的职责。"

党的十六大以后，胡锦涛同志对重视学习历史、借鉴和运用历史经验有一系列重要论述。他指出："在新形势下，我们要更加重视学习历史知识，更加注重用中国历史特别是中国革命史来教育党员干部和人民。不仅要学习中国历史、还要学习世界历史，不仅要有深远的历史眼光、而且要有宽广的世界眼光。"他强调："只有铭记历史，特别是铭记我们党领导人民创造的中国革命史，才能深刻了解过去、全面把握现在、正确创造未来。"

关于学习历史，习近平多次在讲话中要求领导干部要读点历史。2011年9月1日，习近平在出席中央党校秋季学期开学典礼上的讲话指出："学习和总结历史，借鉴和运用历史经验，是我们党一贯重视并倡导的做好领导工作一个重要的思想和方法"，"领导干部学习历史，要学习中国历史，了解和懂得自古以来中国人民创造的灿烂历史文化，从中汲取有益于加强修养、做好工作的智慧和营养"，"领导干部学习历史，要注重学习鸦片战争以来我国近现代历史和中共党史，加深对近现代中国国情和中国社会发展规律的认识"，"领导干部学习历史，要落实到提高历史文化素养上，落实在提高领导工作水平上"。[①]

2013年3月1日，习近平在中央党校建校80周年庆祝大会暨2013年春季学期开学典礼上的讲话中指出："各级领导干部还要认真学习党史、国史，知史爱党，知史爱国。要了解我们党和国家事业的来龙去脉，汲取我们党和国家的历史经验，正确了解党和国家历史上的重大事件和重要人物。这对正确认识党情、国情十分必要，对开创未来也十分必要，因为历史是最好的教科书。……各种文史知识，中国优秀传统文化，领导干部也要学习，以学益智，以学修身。……总

---

① 《习近平：领导干部要读点历史》，《学习时报》2011年9月7日。

之，学史可以看成败、鉴得失、知兴替……我们不仅要了解中国的历史文化，还要睁眼看世界，了解世界上不同民族的历史文化，去其糟粕，取其精华，从中获得启发，为我所用。"①

2013 年 6 月 25 日，习近平在中央政治局就中国特色社会主义理论和实践进行第七次集体学习时强调，历史是最好的教科书。学习党史、国史，是坚持和发展中国特色社会主义、把党和国家各项事业继续推向前进的必修课。这门功课不仅必修，而且必须修好。同年 12 月 3 日，习近平在主持就历史唯物主义基本原理和方法论进行第十一次集体学习时强调，推动全党学习历史唯物主义基本原理和方法论，更好认识国情，更好认识党和国家事业发展大势，更好认识历史发展规律，更好能动地推进各项工作。

2014 年 6 月 6 日，习近平在会见第七届世界华侨华人社团联谊大会代表时强调，中华文明有着 5000 多年的悠久历史，是中华民族自强不息、发展壮大的强大精神力量。我们的同胞无论生活在哪里，身上都有鲜明的中华文化烙印，中华文化是中华儿女共同的精神基因。希望大家继续弘扬中华文化，不仅自己要从中汲取精神力量，而且要积极推动中外文明交流互鉴，讲述好中国故事、传播好中国声音，促进中外民众相互了解和理解，为实现中国梦营造良好环境。

2015 年 10 月 21 日，习近平在伦敦金融城市长晚宴上演讲时强调：历史是现实的源头。近代以后，中国饱受战乱动荡，历经长达一个多世纪的磨难。100 多年前，中国人民开始"睁眼看世界"，努力探寻救国救民的道路。中国民主革命的先行者孙中山先生曾经到英国求学。在经历君主立宪制、议会制、总统制等的失败尝试后，中国最

---

① 《习近平谈治国理政》，外文出版社 2014 年版，第 405—406 页。

终选择了社会主义道路。这是历史的选择、人民的选择。

2017年10月18日，习近平在中国共产党第十九次全国代表大会上的报告强调，中国特色社会主义进入新时代，我国社会的主要矛盾已经转化为人民日益增长的美好生活需要和不平衡不充分的发展之间的矛盾。必须认识到，我国社会主要矛盾的变化是关系全局的历史性变化。中国特色社会主义进入新时代，在中华人民共和国发展史上、中华民族发展史上具有重大意义，在世界社会主义发展史上、人类社会发展史上也具有重大意义。

回顾党的历史可以清楚地看到，重视对历史的学习和对历史经验的总结与运用，善于从不断认识和把握历史规律中找到前进的正确方向和正确道路，这是我们党90年来之所以能够领导中国革命、建设、改革不断取得胜利的一个重要原因。在习近平的公开讲话和文章中，提及历史思维的大约有30次。这些讲话和文章产生了巨大的社会反响，推动了全党全社会兴起重视历史、研究历史、借鉴历史的好风气。

2. 把握历史，为了更好地走向未来

十八大以来，以习近平同志为核心的党中央，在治国理政的过程中，善于运用历史思维，从应以什么样的态度学习历史和借鉴历史，到以什么样的方法分析和研究问题，再到以什么样的理念把握历史从而更好地走向未来，环环相扣，形成系统科学的历史思维。

一是以尊重历史、以史为鉴的态度学习和总结历史。历史思维是我们党一贯重视并倡导的重要的思想和方法。掌握历史思维，就是要通过学习和研究历史事件，借鉴和运用历史经验，为现实服务。习近平指出："我们学习历史，要结合我们正在干的事业和正在做的事情，

善于借鉴历史上治理国家和社会的各种有益经验。"① 比如，通过学习中国古代历史，了解和懂得自古以来中国人民创造的灿烂历史文化，从中汲取有益于加强修养、做好工作的智慧和营养；通过学习中国近现代历史，了解和掌握鸦片战争以来我国的经济社会发展状况，加深对近现代中国国情和中国社会发展规律的认识，深刻认识历史和人民选择中国共产党、选择马克思主义、选择社会主义道路、选择改革开放的历史必然性；通过学习世界历史不断深化对人类社会发展规律、社会主义建设规律和共产党执政规律的认识，从而更好地建设中国特色社会主义。当今世界是一个开放的世界，经济全球化趋势不可阻挡。在此过程中，中国同世界日益紧密地联系在一起。无论是处理国内改革发展稳定的问题，还是处理对外开放中的问题，我们都应该放眼世界，要有历史视野、全球意识和战略眼光。只有这样才能始终站在时代的前沿，把各项工作做得更好。

二是以历史唯物主义的方法分析和研究问题。研究历史必须坚持历史唯物主义的方法。所谓历史唯物主义的方法就是要坚持社会存在决定社会意识，坚持物质生产是社会生活的基础，坚持人民群众是历史创造者。习近平指出，我们党现阶段提出和实施的理论和路线方针政策之所以正确，就是因为它们都是以我国现时代的社会存在为基础的。党的十八届三中全会对我国全面深化改革作出了总体部署，是从我国现在的社会存在出发，即从我国现在的社会物质条件的总和出发，也就是从我国基本国情和发展要求出发。回顾历史可以发现，在中国革命、建设、改革的各个历史时期，我们党运用历史唯物主义，系统、具体、历史地分析中国社会运动及其发展规律，在认识世界和

① 习近平：《领导干部要读点历史》，《学习时报》2011 年 9 月 7 日。

改造世界过程中不断把握规律、积极运用规律，推动党和人民事业取得了一个又一个胜利。历史和现实都表明，只有坚持历史唯物主义的方法，我们才能不断把对中国特色社会主义规律的认识提高到新的水平，不断开辟当代中国马克思主义发展新境界。

三是以实事求是的态度铭记历史从而更好地开创未来。一个忘却历史的民族是没有希望的民族；一个不能正确面对历史的民族是一个不负责任的民族。习近平在十九大报告中指出，要广泛开展理想信念教育，引导人们树立正确的历史观、民族观、国家观、文化观。近代以后，中华民族走向复兴的进程一次次被打断，帝国主义的入侵特别是日本发动的侵华战争，给中国人民带来了深重的灾难。习近平指出："我们强调牢记历史并不是要延续仇恨，而是要以史为鉴、面向未来，大家来共同珍爱和平、维护和平，让中日两国人民世世代代友好下去，让各国人民永享太平。"[1]

历史的车轮滚滚向前。要达到理想的彼岸，就要沿着正确的道路不断前进。每一代人有每一代人的长征路，每一代人都要走好自己的长征路。只有牢记历史，从历史中汲取智慧，才能更好开创美好的未来。

3. 用唯物史观引导历史思维

治国理政的历史思维不是从抽象意义上谈历史，而是坚持人民立场和群众路线，坚持历史的整体性和大历史观，坚持科学思维和辩证思维。

一是坚持人民立场和群众路线。人民群众是历史的创造者。习近

---

[1]　习近平:《在纪念中国人民抗日战争暨世界反法西斯战争胜利 69 周年座谈会上的讲话》,《人民日报》2014 年 9 月 4 日。

平指出："人民是创造历史的动力，我们共产党人任何时候都不要忘记这个历史唯物主义最基本的道理。"人民是天，人民是地。一旦忘记了人民，脱离了人民，我们党就会成为无源之水、无本之木，就会一事无成。为此，必须坚持党的群众路线，始终保持党同人民群众的血肉联系，始终接受人民群众批评和监督，心中常思百姓疾苦，脑中常谋富民之策，使我们党永远赢得人民群众信任和拥护，使我们的事业始终拥有不竭的力量源泉。习近平强调，我们党之所以得到人民拥护和支持，从根本上说，就是因为能始终代表中国最广大人民根本利益。我们要始终坚持人民利益高于一切，紧紧依靠人民，全心全意为人民服务，尊重人民首创精神，最广泛动员和组织人民投身到党领导的伟大事业中来。特别是在实现中华民族伟大复兴中国梦的过程中，一定要巩固全国各族人民大团结，增强各党派、各团体、各民族、各阶层以及各方面的团结，坚决维护国家统一和社会和谐稳定，坚决反对任何破坏统一和团结的分裂活动。我们要凝聚起全体人民的智慧和力量，激发出全社会创造活力和发展动力，让全体中华儿女万众一心、团结奋斗迸发出来的磅礴力量成为实现中华民族伟大复兴的强大动力。

二是坚持历史的整体性和大历史观。历史是一个整体的系统，每个部分既相互联系，又具有相对的独立性。今天是昨天的继续，同时又指向未来。习近平总是把已经做过的事、正在做的事、将要做的事作为一个历史整体来考虑。2014年5月4日，他在北京大学同师生进行座谈的时候说："一个民族、一个国家，必须知道自己是谁，是从哪里来，要到哪里去，想明白了、想对了，就要坚定不移朝着目标前进。"习近平在中共中央政治局第七次集体学习时指出，中国特色社会主义这条道路来之不易，它是在改革开放30多年的伟大实践中走出来的，是在中华人民共和国成立 60 多年的持续探索中走出来的，是在对近代以来 170 多年中华民族发展历程的深刻总结中走出来的，是在对中华民族 5000 多年悠久文明的传承中走出来的，具有深厚的历史渊源和广泛的现实基础。他在中共中央政治局第十八次集体学习时强调，中国的今天是从中国的昨天和前天发展而来的。要治理好今天的中国，需要对我国历史和传统文化有深入了解，也需要对我国古代治国理政的探索和智慧进行积极总结。这种把历史看作一个整体和过程的研究和观点就是大历史观，大历史观要求把现在的事情同历史的逻辑发展联系起来，并对未来的发展作合理的预测。坚持大历史观，就是要从整体性上分析和把握历史，具有历史意识和文化自觉，分析问题、作出决策具有历史眼光，能够从以往的历史中汲取经验和智慧。

三是坚持历史思维的科学与辩证。习近平特别重视历史思维的科学性和辩证性，强调要自觉按照历史规律和发展辩证法办事。比如，在正确对待党的历史问题上，他强调要牢牢把握党的历史发展的主流和主线，这条主线就是团结和带领全国各族人民为实现民族独立、人民解放和国家富强、人民幸福两大历史任务而不懈奋斗；必须正确对待党在前进道路上的失误和曲折，要从正确的立场和积极的目的出发正视失误和曲折，认真考察当时所处的社会环境，深入分析产生问题的社会根源、历史根源和思想根源，从中汲取教训，防止重犯错误再走弯路；必须坚决反对历史虚无主义和歪曲丑化党的历史的错误倾向，提高警惕并有理有据地予以澄清和批驳，用有说服力的研究成果占领党史舆论阵地；必须着眼于我们正在做的事情和未来发展，总结运用党的历史经验，坚持围绕中心、服务大局，通过对党的历史的分析总结和发展规律的揭示，为正确认识和改造现实提供历史依据、借鉴和启示，更好地为党的政治路线和政治任务服务。

二、以史为镜，鉴古观今

读史可以明智，知古方能鉴今。习近平同志非常重视对历史的学习，他认为，重视历史、研究历史、借鉴历史，可以给人类带来很多了解昨天、把握今天、开创明天的智慧。十九大报告中指出，经过长期努力，中国特色社会主义进入了新时代，这是我国发展新的历史方位。进入新时代以来，以习近平同志为核心的党中央不断学习历史知识，借鉴历史方法，形成了一套系统的历史思维，是我们学习和运用马克思主义立场、观点和方法研究解决中国的实际问题的传家宝，对我们实现中国梦、坚持中国道路、凝聚中国精神、贡献中国力量具有重要的理论价值和实践价值。

1. 学史通今，助力中国梦

治国理政的历史思维对于实现中国梦具有重要的价值。十九大报告中强调，今天，我们比历史上任何时期都更接近、更有信心和能力实现中华民族伟大复兴的目标。习近平指出："实现中华民族伟大复兴的中国梦，就是要实现国家富强、民族振兴、人民幸福，既深深体现了今天中国人的理想，也深深反映了我们先人们不懈追求进步的光荣传统。"[①]中国梦是历史的、现实的，也是未来的。习近平治国理政的历史思维对于全面建成小康社会、实现中华民族的伟大复兴意义重

---

① 习近平同志在第十二届全国人民代表大会第一次会议在人民大会堂举行闭幕会上做重要讲话，参见网址 http://news.xinhuanet.com/2013lh/2013-03/17/c_115055434.htm。

大，是指导中国人民团结一心、顽强拼搏，最终实现国家富强、民族振兴、人民幸福的思想武器。

治国理政的历史思维为国家富强提供科学的理论武器。习近平强调，我坚信，到中国共产党成立 100 年时全面建成小康社会的目标一定能实现，到新中国成立 100 年时建成富强民主文明和谐的社会主义现代化国家的目标一定能实现，中华民族伟大复兴的梦想一定能实现。鸦片战争时期，中国沦为半殖民地半封建社会，中国人民尝试了种种救亡图存的道路，直到中国共产党诞生，肩负起了民族独立、人民解放和国家富强的历史重任。在民主革命时期，中国共产党学习运用马克思主义，不断地总结经验教训，带领中国人民取得了革命的胜利，成立了新中国；新中国成立以后，中国共产党学习借鉴苏联的社会主义道路，又结合我国的实际情况，创造性地提出走中国特色社会主义道路。实践证明，中国特色社会主义道路是一条正确的道路，中国共产党在治国理政中运用历史思维将继续带领全国各族人民不断走向繁荣富强，没有中国共产党的领导，民族复兴必然是空想。

治国理政的历史思维为民族振兴构筑了强大的精神支柱。坚守共同的理想信念是民族振兴的精神基础。习近平说："中华民族具有5000 多年连绵不断的文明历史，创造了博大精深的中华文化，为人类文明进步作出了不可磨灭的贡献。经过几千年的沧桑岁月，把我国 56 个民族、13 亿多人紧紧凝聚在一起的，是我们共同经历的非凡奋斗，是我们共同创造的美好家园，是我们共同培育的民族精神，而贯穿其中的、最重要的是我们共同坚守的理想信念。"[1] 新中国成立以来，党的历届领导人都非常重视解决历史遗留问题。为了实现中华民

---

① 习近平同志在第十二届全国人民代表大会第一次会议在人民大会堂举行闭幕会上做重要讲话，参见网址 http://news.xinhuanet.com/2013lh/2013-03/17/c_115055434.htm。

族的统一愿望，创造性地在香港、澳门特别行政区实行"一国两制"，为中华民族的统一迈进了一大步。在台湾问题上，中国共产党一直奉行积极和平的政策，坚决维护国家统一和两岸和平发展，决不允许任何"台独"势力忽视和篡改历史，决不容忍任何分裂国家的行径。在这种大背景下，两岸关系总体上保持稳定和平发展。坚持一个中国原则和"九二共识"，推动两岸关系和平发展，加强两岸经济文化交流合作，实现两岸领导人历史性会晤，体现了中国共产党和平统一的诚意和坚决维护国家统一的决心。历史证明，学习和借鉴历史对于民族统一、民族振兴具有重要的意义。

治国理政的历史思维为人民幸福锻造了重要的主体条件。人民群众是历史的创造者，幸福的生活最终要依靠广大人民群众的创造。习近平强调，要学习和掌握人民群众是历史创造者的观点，紧紧依靠人民推进改革。要处理好尊重客观规律和发挥主观能动性的关系。要坚持一切从实际出发，按照客观规律办事，一张蓝图抓到底，抓好打基础利长远的工作。同时，要鼓励地方、基层、群众大胆探索、先行先试，勇于推进理论和实践创新，不断深化对改革规律的认识。[1] 关于这一点，作为执政党的中国共产党要有强烈的危机意识、责任意识和使命意识，尤其是党的高级干部要自觉地阅读经典著作，学习马克思主义经典著作，把握历史唯物主义的观点，重视人民群众的主体作用，深入基层和群众，充分尊重人民群众的主体地位，发挥人民群众的智慧，带领广大人民群众共同书写实现中国梦的新篇章。

---

[1]　习近平在中共中央政治局第十一次集体学习时的讲话，参见网址 http://news.xinhuan-et.com/ 2012-11/19/c_123967017_3.htm。

2. 当代中国道路的历史启迪

历史思维为中国特色社会主义道路的不断完善提供了重要的视野和方法论基础。只有正确地了解中国近代以来的历史，才能更好地理解中国人民今天的理想和前进道路。正是在总结历史经验的基础上，我们党才不断带领广大人民群众，创造性地走出一条具有中国特色的社会主义道路，并从胜利走向新的胜利。

首先，中国特色社会主义道路是科学社会主义在中国的胜利。习近平指出："中国特色社会主义是社会主义而不是其他什么主义，科学社会主义基本原则不能丢，丢了就不是社会主义。一个国家实行什么样的主义，关键要看这个主义能否解决这个国家面临的历史性课题。"[①] 中国特色社会主义是社会主义与中国实际情况相结合的产物，是近代以来中国人民作出的历史性选择。新中国成立以后，以毛泽东同志为核心的党中央带领中国人民不断探索，为中国特色社会主义道路奠定了基础；改革开放以后，特别是 20 世纪 90 年代，苏东剧变引起世界社会主义阵营的解体，以邓小平同志为核心的党中央带领中国人民顶住压力，创造性地走出一条有中国特色的社会主义道路；十八大以来，以习近平同志为核心的党中央高度重视对历史的学习，形成了一套完整的治国理政历史思维，进一步总结了中国道路发展的经验，明确提出道路自信、理论自信、制度自信和文化自信，为中国特色社会主义的未来发展指明了前进的方向。党的十九大报告指出，从十九大到二十大，是"两个一百年"奋斗目标的历史交汇期。我们既要全面建成小康社会、实现第一个百年奋斗目标，又要乘势而上开启

---

① 《习近平谈治国理政》，外文出版社 2014 年版，第 22 页。

全面建设社会主义现代化国家新征程，向第二个百年奋斗目标进军。

其次，中国特色社会主义道路是人民的选择。人民是历史的创造者，是决定党和国家前途命运的根本力量。习近平在庆祝中国共产党成立 95 周年大会上指出：中国共产党领导中国人民开辟的中国特色社会主义道路是正确的，必须长期坚持、永不动摇。中国道路具有深厚的历史渊源和广泛的现实基础，是摸着石头过河与顶层设计的统一。中国特色社会主义道路来之不易，它是在近代以来 170 多年中华民族发展历程的深刻总结中走出来的，是在中华人民共和国成立 60 多年的探索中走出来的，是在改革开放 30 多年的实践中走出来的，这是历史的选择，是人民的选择。在新的历史时期，习近平治国理政的历史思维是指导我党把握中国特色社会主义道路科学性的重要理论依据，是推进中国特色社会主义道路不断开拓、不断创造新局面的重要支撑。

最后，坚持中国特色社会主义道路要正确认识改革开放前后两个历史时期。对于改革开放前后三十年的关系问题的认识直接关系到对中国特色社会主义道路的评价。习近平指出，对改革开放前的历史时期要正确评价，不能用改革开放后的历史时期否定改革开放前的历史时期，也不能用改革开放前的历史时期否定改革开放后的历史时期。改革开放前的社会主义实践探索为改革开放后的社会主义实践积累了条件，改革开放后的社会主义实践探索是对前一个时期的坚持、改革、发展。这一论断体现了历史思维的整体性和辩证性。没有改革开放以前的艰苦探索，就很难有后面的改革开放，人们也很难认识到改革开放的重要性和必要性；同样道理，没有拨乱反正和改革开放，中国就不可能取得现在这样伟大的成就，也就不可能出现中国特色社会主义。实践证明，改革开放的政策是正确的，今后还将一如既往地进行下去。习近平治国理政的历史思维对我们更好地总结改革开放前后的历史经验和教训，清醒地认识中国特色社会主义道路的发展历程，具有重要意义。

3. 用历史思维凝聚中国精神

通过对中华优秀传统文化特别是近代以来中华民族团结一致抵御外敌入侵的历史的学习和借鉴，凝聚中国精神，构建中华民族共同的思想基础，是习近平治国理政历史思维的重要精神价值。

运用习近平治国理政的历史思维，传承和发扬中华民族优良传统，为凝聚中国精神提供文化之根。习近平指出，在漫长的历史发展进程中，中华民族曾受过无数来自内部的矛盾与冲突和来自外部的挑战与威胁，但中华民族却一次次战胜灾难，一次次渡过难关，使统一的多民族国家得以不断巩固和发展。究其内在原因，就在于中华民族产生和形成了为整个民族共同认可、普遍接受而富有强大生命力的优良传统。比如崇尚民族团结的优良传统，维护国家统一的优良传统，自强不息的优良传统等。我们学习中国历史，就要继承中华民族的优良传统，从中汲取思想精华，结合新的实践不断发扬光大。

运用习近平治国理政的历史思维，在屈辱和挫折中汲取教训，为凝聚中国精神提供力量之源。1840 年鸦片战争以后的中国近现代历史，是一部中华民族为实现民族独立解放和伟大复兴而不懈奋斗的历史。学习这段历史，我们要牢记无数革命先烈为民族独立和解放所作出的牺牲，牢记五四精神、井冈山精神、长征精神、延安精神……习近平同志指出："学习中国近现代史，就要了解近代中国所经历的屈辱历史，深刻汲取落后就要挨打、就要受欺负的教训，增强励精图治、奋发图强的历史使命感和责任感，为在 2020 年全面建成小康社会，进而在本世纪中叶把我国建设成为富强民主文明和谐的社会主义现代化强国而努力奋斗。"① 在中共中央政治局第二十五次集体学习时，习近平同志又指出，要通过多种形式的宣传阐释和主题教育活动，使全国各族人民牢记由鲜血和生命铸就的中国人民抗日战争的伟大历史，牢记中国人民为维护民族独立和自由、捍卫祖国主权和尊严建立的伟大功勋，牢记中国人民为世界反法西斯战争胜利作出的伟大贡献，弘扬伟大抗战精神。② 在十九大报告中，习近平强调指出，我们党深刻认识到，实现中华民族伟大复兴，"必须推翻压在中国人民头上的帝国主义、封建主义、官僚资本主义三座大山，实现民族独立、人民解放、国家统一、社会稳定""必须建立符合我国实际的先进社会制度""必须合乎时代潮流、顺应人民意愿，勇于改革开放，让党和人民事业始终充满奋勇前进的强大动力"。

运用习近平治国理政的历史思维，学习和践行社会主义核心价值观，为凝聚中国精神提供价值之魂。习近平指出："中华优秀传统文化已经成为中华民族的基因，植根在中国人内心，潜移默化影响着中国人的思想方式和行为方式。今天，我们提倡和弘扬社会主义核心价值观，必须从中汲取丰富营养，否则就不会有生命力和影响力。"③ 一个民族、一个国家的核心价值观必须同这个民族、这个国家的历史文化相契合才有力量，我们学习和践行社会主义核心价值观，必须从中汲取丰富营养，否则就不会有生命力和影响力。比如，中华文化强调"民惟邦本"、"天人合一"、"和而不同"，强调"天行健，君子以自强

---

① 习近平：《领导干部要读点历史》，参见网址 http://dangshi.people.com.cn/GB/16067597. html。

② 《习近平在中共中央政治局第二十五次集体学习时的讲话》，参见网址 http://legal.people.com.cn/n/2015/0731/c188502-27394588.html。

③ 《习近平谈治国理政》，外文出版社 2014 年版，第 170 页。

不息"、"大道之行也，天下为公"；强调"天下兴亡，匹夫有责"，主张以德治国、以文化人；强调"君子喻于义"、"君子坦荡荡"、"君子义以为质"；强调"言必信，行必果"、"人而无信，不知其可也"；强调"德不孤，必有邻"、"仁者爱人"、"与人为善"、"己所不欲，勿施于人"、"出入相友，守望相助"、"老吾老以及人之老，幼吾幼以及人之幼"、"扶贫济困"、"不患寡而患不均"，等等。像这样的思想和理念，不论过去还是现在，都有其鲜明的民族特色，都有其永不褪色的时代价值。

4. 历史思维为促进世界和平发展彰显中国影响力

作为联合国五个常任理事国之一，以及世界上最大的发展中国家，中国在国际舞台上发挥着越来越重要的作用。掌握和运用习近平治国理政的历史思维，有利于在新的历史条件下更好地发挥中国的影响力，为世界和平发展贡献中国力量。

治国理政的历史思维有利于从人类冲突与战争的历史中汲取教训，维护世界和平。中华民族是一个爱好和平的民族。中国人自古就推崇"协和万邦"、"亲仁善邻，国之宝也"、"四海之内皆兄弟也"、"远亲不如近邻"、"亲望亲好，邻望邻好"、"国虽大，好战必亡"等和平思想。爱好和平的思想深深嵌入了中华民族的精神世界，今天依然是中国处理国际关系的基本理念。近代以来的 100 多年时间里，中华民族饱尝殖民主义、霸权主义和强权政治之苦，对世界和平和地区稳定更加珍惜。早在 1945 年，中国同美国、英国、苏联共同发起旧金山会议，共商建立联合国。随着联合国宪章正式出台，中国成为联合国安理会 5 个常任理事国之一。正因如此，中国一直坚定不移地奉行独立自主的和平外交政策，反对霸权主义、秉持正义、主张以协商对话解决各种矛盾与冲突，是维护世界和平与稳定的重要力量，中国人民赢得了世界爱好和平人民的尊敬，赢得了崇高的民族声誉。

治国理政的历史思维有利于在国际事务中发挥中国的影响力，展现大国担当。由于历史和现实的原因，地区之间、国家之间的发展很不平衡，各国所面临的机遇和挑战各不相同。作为一个发展中国家，中国曾经得到世界友好国家的大力支持，即使在极端困难的情况下，中国也没有放弃与其他国家互帮互助。这样的论述，体现了中国作为一个负责任的发展中大国所应有的担当精神。治国理政的历史思维有利于为世界的未来发展提供中国方案，贡献中国智慧。当前，人类发展面临着很多的考验，其中既有自然因素，也有人为因素。比如全球变暖、生态恶化、恐怖主义、全球性经济危机等等。面对这些问题，单靠一个或几个国家不能解决问题，需要各国联合起来共同应对。特别是在地区冲突和国家博弈中，需要国家之间的沟通与对话。习近平强调："每个国家、每个民族都有自己的发展历程，应该尊重彼此的选择，加深彼此的了解，以利于共同创造人类更加美好的未来。"[1]在这方面，中国优秀传统文化可以为世界未来发展贡献智慧。习近平指出："中国优秀传统文化的丰富哲学思想、人文精神、教化思想、道德理念等，可以为人们认识和改造世界提供有益启迪，可以为治国理政提供有益启示，也可以为道德建设提供有益启发。"[2]在实践层面，从古代丝绸之路得到启发而提出的"一带一路"倡议以及由此凝练出来的"丝路精神"，对于加强亚洲与欧洲、非洲等地区的联系与沟通，推进世界范围内不同文明的合作共赢，具有重大的现实意义和深远的

[1]　《习近平致第二十二届国际历史科学大会的贺信》，《人民日报》2015 年 8 月 24 日。

[2]　习近平:《在纪念孔子诞辰 2565 周年国际学术研讨会暨国际儒学联合会第五届会员大会开幕式上的讲话》，《人民日报》2014 年 9 月 25 日。

历史意义。

三、回望历史，继往开来

学习、总结、借鉴和运用历史，是我们党一贯重视并倡导的重要思想方法。党的十八大以来，习近平同志在不同场合阐述的治国理政新理念都体现了历史思维的学习和运用，同时也发展了历史认知的新思想，树立了正确评价历史的新典范。学习和总结习近平关于历史思维的现实应用是廓清历史观念中的"迷雾"、坚定理想信念的重要法宝。今天，我们比历史上任何时期更接近、更有信心和能力实现中华民族伟大复兴的目标。

1. 用科学、辩证的历史思维正确对待和评价历史和历史人物

历史虚无主义是众多反社会主义的政治思潮之一，本质上是唯心史观的一种表现形式。它通过虚无历史事实，扰乱人们的价值判断。习近平指出，国内外敌对势力往往就是拿中国革命史、新中国来做文章，竭尽攻击、丑化、污蔑之能事，根本目的就是要搞乱人心，煽动推翻共产党的领导和我国社会主义制度。治国理政的历史思维是反击历史虚无主义的重要思想武器。

2010 年 6 月，中共中央下发《关于加强和改进新形势下党史工作的意见》，同年 7 月，习近平在中共中央召开的全国党史工作会议上发表重要讲话。他强调：要坚持实事求是研究和宣传党的历史，要牢牢把握党的历史发展的主题和主线、主流和本质，必须警惕历史虚无主义的影响。2011 年，习近平在中央党校秋季开学典礼上作的题

为《领导干部要读点历史》的讲话中指出："历史是从昨天走到今天再走向明天，历史的联系是不可能割断的，人们总是在继承前人的基础上向前发展的。古今中外，概莫能外。"①2016 年 5 月 17 日，习近平同志在哲学社会科学工作座谈会上的讲话中，针对否定马克思主义的指导地位问题，再次强调必须警惕和批驳历史虚无主义。抵制历史虚无主义，必须运用科学的历史思维，从历史经验中汲取治国理政的智慧，推进国家治理体系和治理能力现代化，用党的历史教育干部群众，旗帜鲜明地抵制各种错误思潮的侵袭。习近平同志指出：历史是最好的教科书。对我们共产党人来说，中国革命历史是最好的营养剂。多重温这些伟大的历史，心中就会增加很多正能量。"新民主主义革命的胜利成果决不能丢失，社会主义革命和建设的成就决不能否定，改革开放和社会主义现代化建设的方向决不能动摇。"②

2013 年 1 月 5 日，习近平同志在中央党校新进中央委员、候补委员学习贯彻落实党的十八大精神培训班开班式上的讲话中，对改革开放前后 30 年的关系作了重要论述："我们党领导人民进行社会主义建设，有改革开放前和改革开放后两个历史时期，这是两个相互联系又有重大区别的时期，但本质上都是我们党领导人民进行社会主义建设的实践探索"，"不能用改革开放后的历史时期否定改革开放前的历史时期，也不能用改革开放前的历史时期否定改革开放后的历史时期。"③这一论断具有重大指导意义。很长一段时间以来，关于改革开放前后三十年的关系问题，成为学术界和理论界争论的焦点话题之

---

① 习近平 2011 年在中央党校秋季学期开学典礼上作题为《领导干部要读点历史》的讲话。
② 习近平：《在纪念邓小平同志诞辰 110 周年座谈会上的讲话》，人民出版社 2014 年版，第 23 页。
③ 《习近平谈治国理政》，外文出版社 2014 年版，第 22、23 页。

一。实际上，无论是用前三十年否定后三十年，或者用后三十年否定前三十年，都具有片面性。这两个阶段虽然在社会主义建设的实际过程中有思想观念、方针政策上的不同，但"本质上都是我们党领导人民进行社会主义建设的实践探索"。这一论断体现了历史思维的整体性、连续性。明确了这一点，有利于我们更好地总结改革开放前后两个三十年的经验和教训，更加客观地评价中国共产党人在探索马克思主义中国化过程中的成就和不足，也有利于更好地凝聚社会成员的力量，共同推进中国特色社会主义创新发展。

在 2013 年毛泽东诞辰 120 周年之际，许多学者、媒体掀起了重新宣传评价毛泽东的新思潮，其目的是为了纪念毛泽东同志的丰功伟绩。但其中也有比较偏激的情况出现。对此，习近平指出，我们应正确对待历史，公平公正地评价历史人物尤其是党的领袖人物。"革命领袖是人不是神。尽管他们拥有很高的理论水平、丰富的斗争经验、卓越的领导才能，但这并不意味着他们的认识和行动可以不受时代条件限制。不能因为他们伟大就把他们像神那样顶礼膜拜，不容许提出并纠正他们的失误和错误；也不能因为他们有失误和错误就全盘否定，抹杀他们的历史功绩，陷入虚无主义的泥潭。"[1]对于那些我们党自身包括领袖在革命和建设探索过程中出现的失误，也要保持客观的态度。"我们党对自己包括领袖人物的失误和错误历来采取郑重的态度，一是敢于承认，二是正确分析，三是坚决纠正，从而使失误和错误连同党的成功经验一起成为宝贵的历史教材。"[2]

---

[1]　习近平：《在纪念毛泽东同志诞辰 120 周年座谈会上的讲话》，《人民日报》2013 年 12 月 27 日。

[2]　习近平：《在纪念毛泽东同志诞辰 120 周年座谈会上的讲话》，《人民日报》2013 年 12 月 27 日。

对于历史人物的评价，治国理政的历史思维为我们提供了科学的方法论。"对历史人物的评价，应该放在其所处时代和社会的历史条件下去分析，不能离开对历史条件、历史过程的全面认识和对历史规律的科学把握，不能忽略历史必然性和历史偶然性的关系。不能把历史顺境中的成功简单归功于个人，也不能把历史逆境中的挫折简单归咎于个人。"①这些论述充分体现了历史唯物主义观点和实事求是对待历史的态度。

2. 重视和加强党的建设是保持先进性的宝贵历史经验

以毛泽东同志为核心的党的第一代中央领导集体，早在党的七届二中全会上就开始了对党的自身建设的探索，他告诫全党"务必使同志们继续地保持谦虚、谨慎、不骄、不躁的作风，务必使同志们继续地保持艰苦奋斗的作风"。②他反复强调，党作为领导核心，必须密切联系群众，团结一切可以团结的人一道工作。在党的八大上，毛泽东明确提出党的建设的基本任务是提高全党的马列主义水平，坚持理论联系实际、实事求是，把马克思主义的普遍真理同中国革命的具体实践相结合，坚持理论与实践相统一这个马克思主义最基本的原则，坚决反对主观主义、官僚主义和宗派主义。要维护党的团结统一，发扬优良传统，加强集体领导，反对个人崇拜。他还提出了思想工作是一切工作的生命线的思想。

以邓小平同志为核心的党的第二代中央领导集体，高度重视党的自身建设，开创了党的建设新的伟大工程。邓小平指出："中国要出

---

① 习近平：《在纪念毛泽东同志诞辰 120 周年座谈会上的讲话》，《人民日报》2013 年 12 月 27 日。

② 《毛泽东选集》第四卷，人民出版社 1991 年版，第 1438—1439 页。

问题，还是出在共产党内部"①，"说到底，关键是我们共产党内部要搞好"②。他旗帜鲜明地提出要坚持四项基本原则，坚持党的领导；坚持党的领导，就必须改善党的领导，提高党的领导水平；要坚持党要管党、从严治党的方针，建立党和党员接受监督的制度机制，用改革的精神做好党的建设工作；党的自身建设要走向制度化、规范化，特别是要实现党内生活民主化，进一步健全党的集体领导制度和民主集中制；要按照"四化"标准选拔德才兼备的人进入领导班子。

以江泽民同志为核心的党的第三代中央领导集体，在国际国内环境发生重大变化的情况下，高举邓小平理论伟大旗帜，聚精会神抓党的建设，不断推进党的建设新的伟大工程。他明确提出，党的建设必须按照党的政治路线来进行，围绕党的中心任务来开展，强调治国必先治党，治党务必从严。我们党要继续站在时代前列，带领人民胜利前进，归结起来，就是必须始终代表中国先进生产力的发展要求，代表中国先进文化的前进方向，代表中国最广大人民的根本利益。

以胡锦涛同志为总书记的党中央，准确把握党所处的新的历史方位，紧紧围绕加强党的执政能力建设和先进性建设这条主线，全面加强党的建设。胡锦涛指出：加强和改进新形势下党的建设，必须着眼于继续解放思想、坚持改革开放、推动科学发展、促进社会和谐，着眼于提高党的执政能力、保持和发展马克思主义政党的先进性，全面推进思想建设、组织建设、作风建设、制度建设和反腐倡廉建设。

党的十八大以来，以习近平同志为核心的党中央，从严务实加强党的建设。习近平强调，要坚持以改革创新精神加强党的建设，把党的执政能力建设和先进性建设作为主线，坚持党要管党、从严治

---

① 《邓小平文选》第三卷，人民出版社 1993 年版，第 380 页。
② 《邓小平文选》第三卷，人民出版社 1993 年版，第 381 页。

党，贯彻为民、务实、清廉的要求，以坚定理想信念为重点加强思想建设，以造就高素质党员、干部队伍为重点加强组织建设，以保持党同人民群众的血肉联系为重点加强作风建设，以健全民主集中制为重点加强制度建设，以完善惩治和预防腐败体系为重点加强反腐倡廉建设，使党始终成为立党为公、执政为民，求真务实、改革创新，艰苦奋斗、清正廉洁，富有活力、团结和谐的马克思主义执政党。在党中央的坚强领导下，"八项规定""打虎拍蝇""双主体责任"等一系列重大规定和制度出台，极大地推进了党风和社会风气的好转，也有力地提升了党在民众心目中的形象。

党的十九大报告中指出，推进伟大工程，要结合伟大斗争、伟大事业、伟大梦想的实践来进行，确保党在世界形势深刻变化的历史进程中始终走在时代前列，在应对国内外各种风险和考验的历史进程中始终成为全国人民的主心骨，在坚持和发展中国特色社会主义的历史进程中始终成为坚强领导核心。

3. 历史思维凝练从严治党的双重驱力

根据中组部最新党内统计数据，截至 2016 年底，中国共产党党员总数为 8779.3 万名；根据国家统计局最新统计数据，截至 2016 年底，中国大陆总人口达到 13.75 亿。当这两个数字联系起来的时候就形成这样一幅波澜壮阔的图景：全世界党员人数最多的政党领导着全世界人口最多国家的民众同时迈向现代化！不言而喻，加强党的建设和治理，无论对于国家还是对于执政党自身而言，都具有重大的意义。

苏联解体已有 16 个年头了，其中的教训至今让人唏嘘。苏共的失败固然有众多的原因，政治的、经济的，外部的、内部的，历史的、现实的……但归根结底，苏共自己的原因是起主导作用的因素，或者说，问题主要出在苏共内部。主要原因有三：一是否定党的历史，否定党的领袖。从赫鲁晓夫开始，勃列日涅夫、戈尔巴乔夫、叶利钦等，作为党和国家的重要领导人，一再否定斯大林、否定列宁和十月革命，乃至否定整个苏共的光荣历史，这些言行必然导致整个党内以及广大群众的思想混乱，并且为西方攻击苏共提供了炮弹。二是丧失意识形态领域的主导权，在理论上背离了马克思列宁主义，使全党失去了正确的理论指导，导致党内外思想混乱。三是党的组织丧失了先进性。随着苏共领导层的蜕化变质，苏共基层组织也丧失了先进性，失去了凝集力、号召力和战斗力，难以发挥战斗堡垒作用。与此同时，党员的质量也在下降，严重脱离群众，无法发挥先锋模范作用。许多党员缺乏共产主义理想和社会主义信念，迷失了前进方向。相当多的人入党是为了自己在仕途上获得一官半职，或者是在物质上捞到好处。可以想象，这样的党员在国家遇到重大困难的时候会怎样表现。结果出现了这样的景象：苏联解体时规定，两个小时内党员必须选择政治上站在哪一边，结果绝大多数站到叶利钦那一边去了。由此可见，加强党员的党性教育和理想信念教育是多么重要。除了以上原因以外，在党风廉政建设和干部选拔任用方面，苏共也出现了很多问题，背离了列宁对于民主集中制和党的作风建设的重要原则，使得苏共内部出现特权阶层，大批干部腐化变质，党内低俗之风盛行，优秀人才难得重用。这些都加剧了苏共的衰变，最终导致政权丢失、苏联解体。从苏共的教训中可以得到启示：任何时候都不能放松党的建设，全面从严治党永远在路上。

继续推进全面从严治党是应对复杂国际形势的需要。放眼当前的国际形势，可以看到两个显著的特点：一是霸权主义依然存在，大国博弈在更加广泛的范围内展开；二是非传统安全日益凸显，并深刻地影响着人们的日常生活。在这种背景下，中国作为正在崛起的世界性大国，有责任积极参与全球治理体系建设，努力为完善全球治理贡献中国智慧，同世界各国人民一道，推动国际秩序和全球治理体系朝着更加公正合理方向发展。习近平指出："中国共产党人和中国人民完全有信心为人类对更好社会制度的探索提供中国方案。"① 随着"一带一路"倡议的贯彻落实和强力推进，这一论断正在变成现实。

继续推进全面从严治党是应对国内经济社会发展挑战的需要。当前，在国内社会发展方面存在的问题主要是：如何将权力关进制度的笼子里；贫富差距悬殊；地区之间、行业之间发展不平衡；社会诚信管理体系缺失；环境污染；部分地区干部与群众之间的关系紧张；阶层之间缺乏理解与宽容等。此外还有如何处理好国际关系以营造良好国际发展环境等问题。所有这些问题直接指向一个总问题：如何提高党的执政能力，维护党的执政合法性。在这种背景下，加强党的建设，提高党的公信力，显得尤为重要。

继续推进全面从严治党是保证党自身健康发展的需要。目前，我们党确实面临着"四大考验"（即执政考验、改革开放考验、市场经济考验、外部环境考验）和"四种风险"（即精神懈怠的危险、能力不足的危险、脱离群众的危险、消极腐败的危险），为此，需要树立"四种意识"（政治意识、大局意识、核心意识、看齐意识），需要加强学习，抓好对广大党员特别是领导干部的教育培训；要坚持理论创新、方法创新和实践创新，鼓励创新、宽容失败，建立完善改革创新的激励机制；要加强队伍建设，改进工作作风，建设优良队伍；要从

---

① 习近平：《在庆祝中国共产党成立 95 周年大会上的讲话》，《人民日报》2016 年 7 月 2 日。

严治理，完善监督管理，加强部门建设；要坚持从群众中来到群众中去，多听群众呼声，回应群众关切。

拥有一个什么样的执政党，关系到人民福祉和国家的前途命运。历史选择了中国共产党，把励精图治、振兴中华的重任托付在我们党的肩上。实践证明，没有严密的组织、严明的纪律、严格的管理、严肃的监督，就很难肩负起人民的重托。只有始终坚持党要管党、从严治党，始终加强自身建设，始终保持先进性和纯洁性，不断提高党的建设科学化水平，我们党的执政能力、执政理念、执政方式才能更加符合时代、国家和人民的要求，我们党的执政基础、群众基础才会牢固，党才能永远得到人民群众的信任和拥戴。只有铭记党的建设的历史经验与教训，正确对待前进道路上经历的失误与曲折，我们党才能在复杂的国际国内环境中，团结和带领广大人民从事人类历史上极其伟大而又空前艰巨的事业，才能带领亿万人民实现中华民族伟大复兴的中国梦。

第三章
治国理政之系统思维

　　系统是由两个或两个以上的元素相结合的有机整体。系统的整体不等于其局部的简单相加。系统这一概念揭示了客观世界的某种本质属性，其内容就是系统论或系统学。现代人类社会生产、生活的一个显著特点就是综合性明显增强，而要把握这种综合性强的生产、生活方式就需要系统思维。系统论作为一种普遍的方法论是人类所掌握的高级思维方式。党的十八大以来，习近平同志反复强调系统思维在治国理政中的重要性，并认为改革开放是复杂的系统工程，各级领导干部都要强化系统思维。这是对治国理政现代化的规律性认识。

一、总揽全局的思维视野

　　习近平同志在主持中央第二十次集体学习时强调指出，全面深化改革，要突出改革的系统性、整体性、协同性。要坚持系统地而不是零散地、普遍联系地而不是单一孤立地观察事物，准确把握客观实际，真正掌握规律，妥善处理各种重大关系。要提高解决我国改革发展基本问题的本领。这里的"系统地而不是零散地、普遍联系地而不是单一孤立地观察事物"，就是要求在处理改革发展基本问题上运用系统思维。而运用系统思维的主要目的是为了"准确把握客观实际，真正掌握规律，妥善处理各种重大关系"，这句话反过来理解就是，只有系统思维才能够在今天复杂的形势下，"准确把握客观实际，真正掌握规律，妥善处理各种重大关系"。系统思维的重要性可见一斑。

1. 治国理政系统思维的提出

治国理政，一个最重要的内涵，就是正确处理一个国家治理方方面面内容的"关系"。尤其是当代，运用系统思维方式综合地考察和处理问题，更是我国现代化事业发展的客观要求。

治国理政的系统思维，首先要求把治国理政视为一个系统。然后对治国理政这个大系统中的"治"和"理"再进行系统思考，也就是要做到全面性、协调性、可持续性。目前，系统科学界有一种共识：要做到把对象作为系统来识物想事，关键是掌握和运用系统概念。如：治国理政就是一个系统性概念。它要求善于从宏观上把握事物发展的大格局和总趋势，处理好全局与局部的关系。全局是由各个局部构成的，但全局系统并不是各局部的简单相加，尤其各个要素在孤立状态下所没有的新物质、新功能、新行为。只有全局在胸才能下好每一枚棋子。治国理政需要一种全局能力和系统思维，要首先着眼于事物的整体，不能见树不见林，知偏不知全，局限于小圈子，否则无法统率全局，进行系统思维。

钱学森指出："系统思维的第一要义，是从整体上认识和解决问题。"① 自党的十八大以来，习近平同志多次强调系统思维的重要性。2012 年 12 月，在广东考察时，习近平同志指出："我国改革已经进入攻坚期和深水区，进一步深化改革，必须更加注重改革的系统性、整体性、协同性，统筹推进重点领域和关键环节改革。"在十八届中央政治局第二次集体学习时习近平同志又指出："改革开放是个系统工程，必须坚持全面改革，在各项改革协同配合中推进。"2013 年 9 月 17 日在跟党外人士座谈时习近平再次指出："全面深化改革是一项复杂的系统工程，需要加强顶层设计和整体谋划，加强各项改革关联性、系统性、可行性研究。"2017 年 1 月 6 日，习近平同志在十八届中央纪委七次全会上发表重要讲话强调，全面贯彻落实党的十八届六中全会精神，以新的认识指导新的实践，继续在常和长、严和实、深和细上下功夫，坚持共产党人的价值观，依靠文化自信坚定理想信念，严肃党内政治生活，强化党内监督，推进标本兼治，全面加强纪律建设，持之以恒抓好作风建设，把反腐败斗争引向深入，不断增强全面从严治党的系统性、创造性、实效性。

　　"四个全面"战略布局的提出，就是习近平同志对系统思维具体运用的结果。从"四个全面"战略布局提出的背景来看，当我国改革进入攻坚期，各种利益关系交织在一起时，生成了一个庞大的系统，非有系统性思维就不能把握其本质问题之所在；从"四个全面"战略布局之"全面"来看，这里的"全面"本身就强调了是一个双层系统工程，"四个全面"之间的关系和每个全面的内部关系，协调推进"四个全面"需要用系统思维才能把握。由此看出，习近平同志的系统思维，既具有总体意义上的属于顶层设计的系统思考，又具有各具体领

① 钱学森：《创建系统学》，山西科学技术出版社 2001 年版，第 179 页。

域整体推进的系统思考，是一种分层性双层系统思维方式。现代科技越发达、交往越密切，社会的关联度和系统性就越强。没有系统思维就没有战略远见和目标，没有战略远见和目标就无法实施领导。因此"我们要统筹谋划深化改革各个方面、各个层次、各个要素，注重推动各项改革相互促进、良性互动、协同配合。要坚持整体推进，加强不同时期、不同方面改革配套和衔接，注重改革措施整体效果，防止畸重畸轻、单兵突进、顾此失彼"。在新的历史条件下，只有认真学习和运用好习近平同志系统思维方法，才能"提高解决我国改革发展基本问题的本领"。

2. 治国理政系统思维的特点

系统思维强调的是把认识对象视为一个有机统一系统来对待，在工作中要以系统聚合力、用联系谋全局、靠协调做文章。因此，系统思维具有鲜明的整体性、结构性、立体性、动态平衡性、综合性等特点。

整体性。整体性是系统的本质特征。它决定着系统思维方式的其他内容和原则。这个特点要求对系统进行整体理解和把握，系统整体存在于构成系统的各要素、层次（部分）、外部环境的相互联系、相互作用之中，因此，只有从系统各要素、层次（部分）、外部环境的相关性中，去理解和把握系统的整体性和各种属性整体。这就要求：一是在思维中必须明确任何一个研究对象都是由若干要素构成的系统；二是在思维过程中必须把每一个具体的系统放在更大的系统之内来考察。同时，系统还具有时序性。这根源于系统各要素、层次、外部环境的信息有序联系，只有正确把握了这种联系，才能正确认识和把握系统的内在有序整体；要认识和把握系统的构成要素、层次（部分）及其相关属性，就必须把它们置于同系统整体的固有联系和作用中；某些系统的要素、层次（部分）内在着同质系统或新质系统的基因和全息，在条件允许时，它们就会产生出相应的同质系统和新质系统。这是理解东方落后大国跨越"资本主义卡夫丁峡谷"建立社会主义制度的理论根据，也是理解"五位一体"总布局、"四个全面"战略布局和其他国家战略的钥匙。系统思维方式最根本的特征就是其强调非加和性。它反对把系统的特征和活动方式简单归结为系统的要素、层次（部分）的孤立特征和活动的总和，要求实现 1+1>2 的效果。

结构性。任何系统都有结构。结构是指系统内在诸要素相互作用和相互联系所形成的结合方式。它是理解和掌握系统整体、正确指导人们变革事物所必须有的现代思维原则。系统是由结构组成的，只有把握了组成系统的结构才能把握系统整体。结构的性质和状态是由系统构成要素所具有的结合力和结构信息决定的。亦即，如果我们想要通过改革来实现转方式调结构，就要自觉从加大系统要素的结合力、增大结构信息量和提高系统的有序度入手对各要素深入了解。只有结构发生了变化，系统才会发生变化，因此，人们总是从把握事物的结构来把握系统的。结构决定和制约着系统功能的质和量。这是结构功能统一律的基本内容。因此，要追求和实现系统的最佳功能，必须从追求和实现系统的最佳总体结构入手。系统中的结构性思维是我们全面深化改革的重要指南，我们的改革主要是从结构层面进行结构性调整和结构转型。

立体性。系统思维方式是一种开放型的立体思维。系统思维的系统性本身决定了要把认识对象进行纵向和横向比较，是纵向和横向的统一。任何一个认识对象，其本身是由若干个子系统构成的系统，又是另一个更大系统中的子系统。作为一个相对独立的系统，它的发展是纵向的，而作为一个子系统，它与其他子系统之间的联系是横向的。因此，一个具体系统，其情势不仅取决于该系统内部各子系统之间的结构形式，而且取决于与其他系统之间的联系形式。这样，系统思维就具有了立体性特征，需要研究系统运动的时空关系。如：新发展理念的研究，既要研究"创新、协调、绿色、开放、共享"之间的联系，又要研究其历史发展脉络及趋势，既要进行纵向比较，又要与其他国家进行横向比较，还要将新发展理念放到世界视野中考量等。总之，是一种纵横交错的研究，任何一点都不足以窥其全貌。纵向和横向是一种互为基础、互相补充的关系。在具体实践过程中，思维指向是有限的。主体总是根据目标需要，来确定主要思维指向，究竟确定哪些思维指向，要受制于纵向思维的深度。主体纵向思维越深刻，越能准确地选定横向比较的目标和范围。这已经成为我们工作的必备思维模式了。

动态平衡性。系统的动态平衡性主要强调系统的稳定是相对的。这主要表现在两个方面：一是系统内部诸要素的结构及其位置都不是固定不变的，而是随时间的变化而改变；二是系统都具有开放的性质，总是与周围环境进行物质、能量、信息的交换活动，始终处于动态之中，处在不断演化之中。在实践中，人们的思维总是从静态性进入动态性。当系统结构处于稳定时，这时系统的运行是有序的，反之，则是无序的。系统的有序和无序，稳定结构和非稳定结构，这是系统存在和演化的两种基本状态。在全面深化改革中，人们可以运用系统思维的动态平衡性根据届时的需要和价值取向，创造条件打破系统的有序结构，使之向新的有序结构过渡，也可以创造条件消除对系统的各种干扰，使系统处于有序状态，保持系统的稳定。这里的关键是要把握系统演化过程中的控制项，对系统实现自觉的控制。控制项不仅能够破坏系统的旧稳定结构，而且还能使其过渡到新的系统结构。只要人们能够正确地把握控制项，就能使系统向演化目标方向发展。

综合性。系统思维方式的综合性有两方面的含义：一是任何系统整体都是这些或那些要素为特定目的而构成的综合体；二是任何系统整体的研究，都必须对它的成分、层次、结构、功能、内外联系方式的立体网络作全面的综合的考察，才能从多侧面、多因果、多功能、多效益上把握系统整体。系统思维方式的综合已经是非线性的综合，是从"部分相加等于整体"上升到"整体大于部分相加之和"的综合，它对于分析由多因素、从变量、多输入、多输出的复杂系统的整体是行之有效的。

3. 领导干部在实践中必须坚持和运用系统思维

"领导干部在实践中必须坚持和运用系统思维"，这既是要求也是任务。第一，各级领导干部要具有政治意识、大局意识、核心意识、看齐意识。这"四个意识"是一个有机统一体，必须应用系统思维才能真正地把握其内涵。第二，在推进全面深化改革实践中，要树立全局意识、协同意识，要注重改革措施整体效果，聚合各项改革协调推进的正能量。第三，抓工作要注意区分层次、分类指导。既要有顶层设计和总体目标，也要有具体的任务分解，做到"立治有体、施治有序"，避免零敲碎打、碎片化修补或头疼医头、脚疼医脚的做法。第四，推进工作，要把握好力度与节奏，既要有雷厉风行的作风，也要有闲庭信步的定力。这就需要对各级领导干部进行系统思维训练。

一要注重学习，增强驾驭全局的能力。系统思维的养成首先需要系统学习，需要掌握众多学科知识。在新时代，只有全面掌握习近平新时代中国特色社会主义思想，用马克思主义科学立场、观点、方法武装头脑，才能坚定理想信念，在纷繁复杂的形势下坚持正确的前进方向；只有深入学习新时代中国特色社会主义思想和十九大精神，才能自觉地把新时代新思想中的重要理论观点和工作要求转化为推动改革、促进发展、维护和谐的强大动力；只有不断学习哲学社会科学，才能够举一反三，养成系统思考问题的习惯；只有全面系统学习经济社会各领域知识，主动加快知识更新、优化知识结构，才能切实提高综合素质，适应新常态下的新要求。

二要深入基层，保持联系群众的热情。系统思维必须植根于基层群众，植根于具体实践，才能得到检验、得到发展，才能走向成熟、产生实效。在现阶段一些地方和干部中，还存在决策脱离实际、作风不扎实、违法违规问题严重、以权谋私现象多发等突出问题。这些问题的发生多是单向思维、急功近利、单兵突进等原因造成的。只有在深入基层、联系群众中才能克服短视思维、着眼整体全局，才能发现矛盾问题、找准原因症结，才能增长胆识才干、有效破解难题。系统思维是一种习惯，只有在统筹发展、主动作为过程中才能真正养成，否则就是纸上谈兵。这就要求我们必须坚持从实际出发谋划事业、推进工作，敢于担责、"为官有为"，努力创造出经得起实践、人民、历史检验的实绩。

三要树立信心，坚守循序渐进的定力。在具有许多新的历史特点的伟大斗争时期，遇到的困难问题前所未有，这需要树立信心、循序渐进、久久为功。因此，养成系统思维必须保持循序渐进的定力。这是开展任何工作时所必需的定力和远见，否则，用力过度或是操之过急，都容易弦断箭偏。这种定力既是一种权衡利弊、稳中求进的辩证思想，也是一种冷静理性、抢抓机遇的底线思维，更是一种排除万难、锐意进取的主动作为。在新时代，要把对经济增速的关注，回归到促进社会公平正义和增进人民福祉上来。只要我们注重实施定向调控，抓住重点领域和关键环节，更多依靠改革的办法，更多运用市场的力量，有针对性地实施"喷灌"、"滴灌"，把调控的发力方向放到激发市场活力、增加公共产品供给和支持实体经济做强等方面上来，就能够使宏观调控取得实在的成效。

二、运筹帷幄的思维模式

系统思维的意义和价值在于其整体性、全局观。党的十八大以来，以习近平同志为核心的党中央，立足于新的时代高度和宽广的理论视野，形成了一套运筹帷幄的系统思维模式，从整体和全局高度做出了一系列顶层设计，"从理论和实践结合上系统回答新时代坚持和发展什么样的中国特色社会主义、怎样坚持和发展中国特色社会主义，包括新时代坚持和发展中国特色社会主义的总目标、总任务、总体布局、战略布局和发展方向、发展方式、发展动力、战略步骤、外部条件、政治保证等基本问题，并且要根据新的实践对经济、政治、法治、科技、文化、教育、民生、民族、宗教、社会、生态文明、国家安全、国防和军队、'一国两制'和祖国统一、统一战线、外交、党的建设等各方面作出理论分析和政策指导，以利于更好坚持和发展中国特色社会主义"。这为新时代中国的发展指明了方向，具有重大的理论价值和实践价值。

自党的十八大以来，以习近平同志为核心的党中央，在治国理政过程中，反复强调并运用系统思维解决面对的挑战，从"五位一体"

总布局到"四个全面"战略布局，再到"新发展理念"、"一带一路"等战略的确立，其中都贯穿了系统思维方法，既从总体全局出发，又心系具体领域工作的推进，环环相扣，形成了科学的系统思想范式。

1. 凝聚改革动力需要坚持系统思维

习近平同志多次指出："全面深化改革是一项复杂的系统工程"，需要"加强顶层设计和整体谋划"。在谈到如何推动中国特色社会主义制度更加成熟更加定型时，他强调："必须是全面的系统的改革和改进，是各领域改革和改进的联动和集成，在国家治理体系和治理能力现代化上形成总体效应、取得总体效果。"他在党的十九大报告中指出："必须坚持和完善中国特色社会主义制度，不断推进国家治理体系和治理能力现代化，坚决破除一切不合时宜的思想观念和体制机制弊端，突破利益固化的藩篱，吸收人类文明有益成果，构建系统完备、科学规范、运行有效的制度体系，充分发挥我国社会主义制度优越性。"这些重要而精辟的论述，为全面深化改革提供了重要方法论：以系统思维聚动力，用系统方法谋全局。

系统思维强调大格局观和各方面的相互促进、良性互动、协同配合意识。改革的系统思维，不仅是理顺改革中复杂关联的内在要求，更是凝聚改革共识、催生改革动力的关键。全面深化改革属于整体性事业，唯有整体考量才能驾驭全局，改革之关联耦合，唯有统筹协调才能协同推进；全面深化改革是事关全局的重大战略部署，牵一发而动全身，决不能单兵突进、顾此失彼。不论是经济、政治、文化、社会和生态哪一个领域的改革，都不能不顾及其他。如经济领域的改革要处理好经济发展与生态保护的关系，社会领域的改革要处理好政治稳定与社会活力的关系等。而要处理好改革中的这些关系就必须采用系统思维方法，联动和集成各领域的改革和改进，但首先要把握改革的整体性，把改革本身视为一个复杂系统，特别是对已经进入攻坚期和深水区的进一步深化改革，必须更加注重改革的系统性、整体性、协同性，统筹推进重点领域和关键环节改革，并以这些改革点为杠杆撬起整体改革，起到"四两拨千斤"的作用。

全面深化改革的系统性决定了要以系统思维汇聚改革动力。这就要求从改革的各项配套设施上下功夫，在总揽全局、协调各方上做文章，使各领域改革相互配合、相得益彰。但这并不意味着没有中心和重点推进，系统思维本身要求布局中的统筹兼顾，没有中心就布不了局。不管做哪一个领域的工作，都要分清主次矛盾、关键环节和一般环节。抓主要矛盾、关键环节，是为了推动全体，当然也就解决了次要矛盾和一般环节。而主次矛盾、关键环节和一般环节是相对的，在不同条件下可以相互转换。中心是在一个时期或一个大系统占据主导地位，左右全局的因素或力量。重点是这个时期这个系统在不同阶段能够占据主导地位、左右全局的因素或力量。工作要着眼于中心，着手于重点；中心要通过重点一点点地推动、带动、拉动全局，重点要围绕中心一步步地推进、逼近、完善全局。只有把握了战略性中心和战术性重点的需要，才能"立其大不可夺其小"，最终夺取全局的胜利。

2. 实现改革目标需要坚持系统思维

《中共中央关于全面深化改革若干重大问题的决定》指出："全面深化改革的总目标是完善和发展中国特色社会主义制度，推进国家治理体系和治理能力现代化。必须更加注重改革的系统性、整体性、协同性，加快发展社会主义市场经济、民主政治、先进文化、和谐社会、生态文明，让一切劳动、知识、技术、管理、资本的活力竞相迸发，让一切创造社会财富的源泉充分涌流，让发展成果更多更公平惠及全体人民。"从这段话中可以看出，第一，完善和发展中国特色社会主义制度本身就是一项系统工程。中国特色社会主义制度是一个总称，完善和发展需要各方面的具体制度来支撑。而各种制度的衔接需要运用系统思维来统筹，没有系统思维的指南，就难以把握和具体推进。第二，推进国家治理体系和治理能力现代化同样是一项系统工程。国家治理体系这个概念本身就是一个系统性概念，当然要求用系统思维来把握国家治理实践；治理能力现代化涉及方方面面，协调提升各种能力，没有系统思维也是难以推进和落实的，从而就无法实现现代化的要求。第三，各种劳动要素的"竞相迸发"、"让一切创造社会财富的源泉充分涌流，让发展成果更多更公平惠及全体人民"，这些具体要求也必须坚持系统思维，在系统思维的指导下推进各方面的具体工作。比如，只有坚持和应用系统思维，才能在实践中使各种劳动要素协调起来达到"竞相迸发"的程度，产出更多的社会财富，才有可能使发展成果更多更公平惠及全体人民。

习近平同志在《关于〈中共中央关于全面深化改革若干重大问题的决定〉的说明》中指出："全面深化改革是关系党和国家事业发展全局的重大战略部署，不是某个领域某个方面的单项改革。'不谋全局者，不足谋一域。'大家来自不同部门和单位，都要从全局看问题，首先要看提出的重大改革举措是否符合全局需要，是否有利于党和国家事业长远发展。要真正向前展望、超前思维、提前谋局。只有这样，最后形成的文件才能真正符合党和人民事业发展要求。"这段话中反复强调要从全局出发，着眼于全局，谋划全局，用全局需要作为重大改革举措的标准之一。这充分说明了用系统思维掌控全局的重要性。"全面深化改革需要加强顶层设计和整体谋划，加强各项改革的关联性、系统性、可行性研究。我们讲胆子要大、步子要稳，其中步子要稳就是要统筹考虑、全面论证、科学决策。经济、政治、文化、社会、生态文明各领域改革和党的建设改革紧密联系、相互交融，任何一个领域的改革都会牵动其他领域，同时也需要其他领域改革密切配合。如果各领域改革不配套，各方面改革措施相互牵扯，全面深化改革就很难推进下去，即使勉强推进，效果也会大打折扣。"从这两段文字中，我们可以看出，习近平同志非常重视对系统思维的运用，特别是对全面深化改革的要求，处处彰显了系统思维模式，同时也要求各级领导干部用系统思维推进各方面的工作。

3. 落实新发展理念需要坚持系统思维

以习近平同志为核心的党中央面对改革攻坚期、矛盾凸显期、风险叠加期的当今中国，提出"创新、协调、绿色、开放、共享"五大发展理念，不仅实现了我们党对发展规律认识的深化和升华，实现了我们党治国理政思想理论的新飞跃，并成为当今中国马克思主义方法论的集中体现。其中的一个重要方法论就是系统思维。

从系统论的角度看，作为当今中国新发展理念的五大发展理念是一个整体，主要针对当前中国经济发展处于新常态这一特殊境遇，即从整体上推进当今中国发展，就要坚持五大发展理念。但这五大发展理念又是由五个不同的子系统组成，每个子系统都具有一定的针对性：创新发展针对全球科技竞争、经济竞争激烈与我国科技创新能力不强的突出矛盾，注重解决发展动力问题；协调发展针对经济长期高速增长与不同区域、领域之间发展不平衡的突出矛盾，注重增强发展的整体性；绿色发展针对粗放型经济发展方式与资源、环境瓶颈制约之间的突出矛盾，注重实现经济发展与生态安全双赢；开放发展针对国际经济合作和竞争面临深刻变局与我国对外开放水平总体不高的突出矛盾，注重解决发展内外联动问题；共享发展针对我国经济发展的"蛋糕"不断做大与分配不公的突出矛盾，注重解决社会公平正义问题。从这里可以看出，五大发展理念是整体与部分、全局与局部的关系，而要把握好五大发展理念、处理好五大发展理念中各子系统之间的关系，必须有系统思维的指南，找出其间的各种关联性、协同性，甄别和抓住工作的主要矛盾和次要矛盾，用创新推进各项具体工作。

4. 掌控发展全局需要坚持系统思维

系统思维的基本要求就是要对事物进行全面的思考，具有整体观、大局观，把条件、过程、结果以及对未来的可能影响作为一个完整的系统进行全面分析和布局。实现"两个一百年"奋斗目标属于全局性的事业，需要用系统思维进行把握和推进。全面建成小康社会，既涉及整个社会建设中的经济系统、政治系统、文化系统、民生系统、人才系统、生态系统等系统，又涉及各地区各部门各领域的具体实际，"全面小康一个都不能少"，因此，全面建成小康社会就需要用系统思维，从全局视角出发，分析社会发展动力，把握社会运转规律，寻找社会优化路径，补齐短板，确保社会系统结构合理、运行顺畅，最终实现人的全面发展和社会的可持续发展。

习近平同志说："我们比历史上任何时期都更接近中华民族伟大复兴的目标。"中华民族伟大复兴是一个巨大的系统工程，涉及的范围更广，国家的内政外交无所不包。这需要从全局出发，从整体视角观察，协调推进各方面的工作。在中华民族伟大复兴的道路上，在我国改革发展处于重要战略机遇期的关键阶段，我们必须运用系统思维做系统思考，做好"顶层设计"、科学谋划，推进经济、政治、文化、社会、生态等各方面的改革举措良性互动、协同配合，把推进理论创新、制度创新、科技创新、文化创新以及其他各方面创新有机衔接起来，形成强大合力，将改革事业顺利推向前进。

┼ 三、国是创新的思维成果

十八大以来，习近平系统思维在实践层面成效显著，根据国内实际和国际现状，"我们党以巨大的政治勇气和强烈的责任担当，提出一系列新理念新思想新战略，出台一系列重大方针政策，推出一系列重大举措，推进一系列重大工作，解决了许多长期想解决而没有解决的难题，办成了许多过去想办而没有办成的大事，推动党和国家事业发生历史性变革。这些历史性变革，对党和国家事业发展具有重大而深远的影响"。正因为这些对于国是（"国是"是指治国的大政大策）创新的思维成果指导中国特色社会主义事业发展取得伟大成就，中国特色社会主义进入了新时代，新时代中国特色社会主义思想成为夺取新时代中国特色社会主义事业新胜利的伟大指南。

1. 根据经济增长的条件变化运用系统思维提出新常态

2015 年 6 月，习近平在贵州调研时指出，"当前，我国经济发展呈现速度变化、结构优化、动力转换三大特点。适应新常态、把握新常态、引领新常态，是当前和今后一个时期我国经济发展的大逻辑。要深刻认识我国经济发展新特点新要求，着力解决制约经济持续健康发展的重大问题。"而要积极应对新常态，必须全面思考，做到全局与局部相配套、当前与未来相协调、整体推进与重点突破相统一，用系统思维开创当前各项工作新局面。

新常态表现为新要求，需要全面把握。长期以来，不少地方的党委政府都追求某种"跨越式发展"，大搞基础设施建设；招商引资，一哄而起重复投资；出卖资源、杀鸡取卵，造成了资源浪费、产能过剩、发展失衡、后劲不足等严重后果。针对这种发展方式，习近平同志提出新常态，之所以"新"，是要区别于"旧"，主要表现为经济增长速度从高速增长向中高速增长换挡；结构调整从结构失衡到优化再平衡；宏观政策上从"猛药去病"的西医疗法向"崇尚创新、注重协调、倡导绿色、厚植开放、推进共享"的固本培元、标本兼治的中医疗法转变，消化前期的政策刺激带来的负效应。不仅如此，"新常态"还涵盖了政治、经济、社会、文化、生态等诸多领域，是新一届中央领导集体在综合判断中国国情基础上对治国理政理念的创新。这些要求我们必须以系统思维从时空大角度上加以整体全面把握。

"新常态"重点在常态上，主要表现为经济增长速度适宜、结构优化、社会和谐。"新常态"反映系统正处在动态变化的过程之中。变化需要过程，这是一种趋势性、不可逆的发展状态。这种新常态是原本常态的回归，今后将主导我国经济社会发展相当长时间。因此，对"新常态"要有清醒的认识。习近平同志说："新常态不是一个事件，不要用好或坏来判断。有人问，新常态是一个好状态还是一个坏状态？这种问法是不科学的。新常态是一个客观状态，是我国经济发展到今天这个阶段必然会出现的一种状态，是一种内在必然性，并没有好坏之分，我们要因势而谋、因势而动、因势而进。""新常态不是一个筐子，不要什么都往里面装。新常态主要表现在经济领域，不要滥用新常态概念，搞出一大堆'新常态'，什么文化新常态、旅游新常态、城市管理新常态等，甚至把一些不好的现象都归入新常态。""新常态不是一个避风港，不要把不好做或难做好的工作都归结于新常态，似乎推给新常态就有不去解决的理由了。新常态不是不干事，不是不要发展，不是不要国内生产总值增长，而是要更好发挥主观能动性、更有创造精神地推动发展。"正因为如此，我们必须对当前各项工作作系统思考。

当前，国际形势错综复杂，国内困难矛盾增多，"三期"叠加使诸多问题交织并存。从宏观上看，既有增长动力转化的挑战，还面临经济增长速度由高速转入中高速的挑战。特别是转向新常态，意味着粗放式发展方式走到了尽头，原有动力加速弱化，新的动力加快形成。现在的问题是，原有的"人口红利"和"土地红利"日渐式微，"创新红利"和"体制红利"的充分释放还需要一个过程。从微观上看，过去一些隐性矛盾正在暴露出来，房地产风险、地方债务风险、金融风险等隐患也有所显现。这些复杂的矛盾相互交织着，就像一筐螃蟹，抓起一个牵出一串。因此，必须用系统方法破解难题，以系统思维凝聚合力。

系统思维的第一要义是全局整体的观念，就是要求我们把思考解决问题的方向对准全局和整体，把整体放在第一位，而不是让任何部分的东西凌驾于整体之上，通俗地讲就是要有全局观、整体观。只有整体考量才能驾驭全局。以系统思维解决新常态下面临的问题，要强化制度的顶层设计。改革进入了"深水区"、"攻坚期"，已经从"摸着石头过河"的自发状态过渡到强调"顶层设计"的阶段。在宏观层面上，要按照中央关于"四个全面"战略新布局的要求，统筹考虑经济、政治、文化、社会和生态建设，从整体上处理好物质文明、政治文明、精神文明、和谐社会与生态建设的关系。从微观层次的单位、公司，到中观层次的地区、部门，则要树立"一盘棋"的观念，在战略谋划确定之后，把具体要办的事作为系统工程放在全局背景下整体考量、深入谋划、统筹推进。

党的十九大报告指出："从全面建成小康社会到基本实现现代化，再到全面建成社会主义现代化强国，是新时代中国特色社会主义发展的战略安排。"正因为新时代新目标是战略安排，就必须从改革配套上下功夫，在协调各方上做文章，使各领域改革相互配合、相得益彰。"审大小而图之，酌缓急而布之。"而在具体的实际工作中，要学会协调、学会弹钢琴，充分考虑关联各方利益，才能做到充分调动各方积极性，最大限度地减少阻力，达到形成共识、凝聚合力的目的，实现"四两拨千斤"的效果。

2. 根据人与自然关系的内在要求运用系统思维推进生态文明建设

生态问题的破解需要重新审视人与自然的关系，确立人是自然生态系统中的一员，人与自然生态属于命运共同体，一损俱损、一荣俱荣的关系。生态系统的整体性、关联性、交互性、动态发展性等特点决定了系统思维在研究人与自然关系中的地位和作用。

党的十八大以来，习近平同志在国内外重要会议、考察调研、访问交流等各种场合，运用系统思维反复强调建设生态文明、维护生态安全的重要性。据统计，有关重要讲话、批示等超过 60 次。他反复指出：生态文明建设属于"五位一体"总布局中的重要组成部分；建设生态文明关系人民福祉，关乎民族未来；要正确处理好经济发展同生态环境保护的关系，牢固树立保护生态环境就是保护生产力、改善生态环境就是发展生产力的理念，更加自觉地推动绿色发展、循环发展、低碳发展，绝不以牺牲环境为代价去换取一时的经济增长；节约资源是保护生态环境的根本之策；只有实行最严格的制度、最严密的法治，才能为生态文明建设提供可靠保障；必须推动能源生产和消费革命，加快实施重点任务和重大举措；生态环境保护是功在当代、利在千秋的事业，是一项长期任务，要久久为功；等等。从中既可以看出习近平同志对生态文明建设的重视程度，又可以掌握习近平同志在论述生态文明建设时的系统思维方法。

比如，习近平同志在谈到推进生态文明最终要靠制度时强调，要深化生态文明体制改革，尽快把生态文明制度的"四梁八柱"建立起来，把生态文明建设纳入制度化、法治化轨道。要结合推进供给侧结构性改革，加快推动绿色、循环、低碳发展，形成节约资源、保护环境的生产生活方式。要加大环境督察工作力度，严肃查处违纪违法行为，着力解决生态环境方面的突出问题，让人民群众不断感受到生态环境的改善。各级党委、政府及各有关方面要把生态文明建设作为一项重要任务，扎实工作、合力攻坚，坚持不懈、务求实效，切实把党中央关于生态文明建设的决策部署落到实处，为建设美丽中国、维护全球生态安全作出更大贡献。这里，习近平同志不是就生态文明建设谈生态文明建设，而是将生态文明建设纳入一个更大的属于"五位一体"总体布局的视野中进行考虑，纳入我们正在做的"推进供给侧结构性改革"中进行考虑，纳入法治中国层面进行考虑等。2013年7月18日，习近平同志致生态文明贵阳国际论坛的贺信中指出："中国将按照尊重自然、顺应自然、保护自然的理念，贯彻节约资源和保护环境的基本国策，更加自觉地推动绿色发展、循环发展、低碳发展，把生态文明建设融入经济建设、政治建设、文化建设、社会建设各方面和全过程，形成节约资源、保护环境的空间格局、产业结构、生产方式、生活方式，为子孙后代留下天蓝、地绿、水清的生产生活环境。"这就是说，生态文明建设仍然是牵一发而动全身的系统工程，解决生态问题需要合力攻坚。在党的十九大报告中，他强调指出："必须树立和践行绿水青山就是金山银山的理念，坚持节约资源和保护环境的基本国策，像对待生命一样对待生态环境，统筹山水林田湖草系统治理，实行最严格的生态环境保护制度，形成绿色发展方式和生活方式，坚定走生产发展、生活富裕、生态良好的文明发展道路，建设美丽中国，为人民创造良好生产生活环境，为全球生态安全作出贡献。"

3. 根据全球化与中国历史的对接运用系统思维谋划"一带一路"建设

"一带一路"建设是中国根据自己的国情及世界新的全球化发展趋势而作出的战略性决策。2013 年，以习近平同志为核心的党中央提出建设"新丝绸之路经济带"和"21 世纪海上丝绸之路"，简称"一带一路"建设。"一带一路"建设涉及俄罗斯、中亚、中东、欧洲、东南亚、南亚等多个国家和地区，致力于亚欧非大陆及附近海洋的互联互通，旨在促进经济要素有序自由流动、资源高效配置和市场深度融合，共同打造开放、包容、均衡、普惠的区域经济合作架构。

要把握"一带一路"必须运用系统思维。在社会系统中，"一带一路"建设的定位在经济，即"一带一路"建设是作为经济子系统而存在的，其主要目的是为了促进经济发展。但与此同时，它又受到沿线国家社会政治和文化子系统的影响，共同促进沿线国家整个社会系统的发展。"一带一路"建设作为经济子系统，必须充分发挥经济系统和其他子系统的相互作用。如在"一带一路"建设中，需要更加重视利用"文化吸引力",充分发挥"一带一路"建设所蕴含的文化价值,强调古代"丝绸之路"的文化认同和文化吸引力,从而利用各国、各区域对"丝绸之路"文化的认同来完成"一带一路"建设。在党的十九大报告中,他强调指出:"要以'一带一路'建设为重点,坚持引进来和走出去并重,遵循共商共建共享原则,加强创新能力开放合作,形成陆海内外联动、东西双向互济的开放格局。"这就充分体现了各系统相互渗透、相互影响、共同促进整体发展的系统论思想。

习近平同志说:"唯物辩证法认为,事物是普遍联系的,事物及事物各要素相互影响、相互制约,整个世界是相互联系的整体,也是相互作用的系统。坚持唯物辩证法,就要从客观事物的内在联系去把握事物,去认识问题、处理问题。"系统论思想的核心问题是如何根据系统的本质属性使系统最优化。"一带一路"建设从提出到现在,已经取得了很大的成就,也符合沿线各国人民的根本利益,但无论是从"一带一路"建设自身系统的发展,还是其与外部系统以及与全球大环境的关系来看,还存在进一步发展的问题。从"一带"与"一路"的关系而言,"一带"和"一路"共同构成了"一带一路"建设战略,但从空间来看,"一带"和"一路"是有区别的,"一带"对应的是陆地、"一路"对应的是海洋。从地缘的角度看,这种在自然地理层面上的差别对沿线国家的主权划分、经济发展水平和基础设施支撑,甚至不同地区的历史文化和民族心理、集体记忆都会产生深远的影响。因此,无论是政策的制定、文化产品的交流,还是倡议构想的对外传播,首先要考虑到海陆不同的文明特征、接受条件和接受习惯所导致的接纳程度的差别,保证倡议构想易于传播,文化产品易于接受,政策项目利于实施。

"五通"建设与"一带一路"的关系。"一带一路"建设中,"五通"建设是关键。"五通"是指推进政策沟通、设施联通、贸易畅通、资金融通、民心相通，五大领域齐头并进推动建设。可以说，"五通"建设是"一带一路"建设中的主要矛盾，而在"五通"中，民心相通又是主要矛盾的主要方面。民心相通既是其他"四通"的基础，又是其他"四通"的保障，而其本身也是"一带一路"建设的重要成果。"以人为本"从来就是我国发展的核心，也是发展的动力源泉。因此，要推动"一带一路"建设取得更大的成果，需要进一步切实做好民心建设工作，切实加强各国之间的人文交流，做到经济发展、政治和环境建设以人为中心，切实关注民情领域发生的变化。如建设过程中遇到"民众转让土地"、"改变生活习惯"等和民众有关的问题，都要做好总体的、长远的打算，最大程度地保障当地人民的利益不受损害。只有这样，"一带一路"建设才能以民心相通促进其他各方面互联互通，以达到整体发展、协调发展的目的。

4. 根据实现"中国梦"的历史任务运用系统思维贯彻"四个全面"战略布局

2014 年 12 月，习近平同志在江苏省调研考察时提出"四个全面"的思想，即全面建成小康社会、全面深化改革、全面依法治国、全面从严治党。这是一个重大战略思想，是以习近平同志为核心的党中央对新形势下治国理政新的战略思考、新的战略要求、新的战略部署，成为推进中国特色社会主义伟大事业和党的建设新的伟大工程的总方略、实现中华民族伟大复兴中国梦的战略指引。

正如习近平同志在 2015 年初的省部级主要领导干部培训班上所讲的："这个战略布局，既有战略目标，也有战略举措，每一个'全面'都具有重大战略意义。全面建成小康社会是我们的战略目标，全面深化改革、全面依法治国、全面从严治党是三大战略举措。"这一论断揭示了"四个全面"战略思想的整体性与各组成部分的相互关系，它们之间的联系互动推动中国特色社会主义不断发展。

"全面建成小康社会，一个不能少；共同富裕路上，一个不能掉队。"既是发达地区的全面小康也包括相对落后地区发展的全面小康；既是物质生活水平的小康，也包括道德法治文化素养的提升；既是经济数量的增加，也包括质量提高与生态环境的改善。"全面深化改革"不仅是经济方面的改革，同时也推进社会的政治、文化、生态等方面的整体联动改革以促进社会发展。"全面依法治国"的全面体现在各个领域、各种人群，不仅是对全体公民的要求，也是对党自身的要求。"全面从严治党"不仅是中国共产党优良传统的继承与发展，也明确治理对象为全体中共党员，是对中国共产党治理能力更全面的要求，主要包括思想建设治理、组织建设治理、作风建设治理，更加注重制度建设与反腐败治理。

2013 年 9 月，习近平同志在跟党外人士座谈时说："全面深化改革是一项复杂的系统工程，需要加强顶层设计和整体谋划，加强各项改革的关联性、系统性、可行性研究。"在中共中央政治局第二十次集体学习时，他又强调："全面深化改革，要突出改革的系统性、整体性、协同性，使改革成果更多更公平惠及全体人民。"只有关注改革的整体性，才能实现全面小康，才能做到全面依法治国、全面从严治党。"四个全面"战略布局正是着眼于中国特色社会主义全局的整体性，经过深入调查研究，从中抓住最关键最主要最急迫的四个方面问题加以解决，每个"全面"也是如此。

"四个全面"是一个大系统，每一个"全面"又各是一个小系统，同时又是一个相对独立的要素。"四个全面"即四个要素相互关联构成了"中国梦"和中国发展的有机联系的整体。如果把中国的发展比作一只鸟或一辆车，需要各种要素组合，全面建成小康社会就是鸟和车要飞的方向和要达到的目的地，这是全国人民的理想与追求。正如习近平同志在 2015 年新年贺词中提出的，在推进全面建成小康社会的征程中，在全面从严治党的引领下，全面深化改革和全面依法治国如"鸟之两翼，车之双轮"。这个形象的比喻体现了"四个全面"战略布局系统思维的结构性。办好中国的事情，关键在党，关键在人。"四个全面"即四个要素都要同时联动、同时抓好，但又有侧重。如目前深化改革中经济体制改革是重点，党的建设中抓好从严治吏的重点即从严治党。党的十八大以来，习近平同志对腐败表态"零容忍"。强调反腐败坚持不懈、常抓不松，狠抓制度建设，正在建设一种"风清气正、公正廉明"的长效机制。同时，在"四个全面"战略布局中，还要注意处理好总体谋划和"牵牛鼻子"的关系。如全面深化改革中包括各领域各方面的改革，重点是经济体制改革，关键是处理好政府与市场的关系。

"四个全面"战略布局在系统思维下立足整体，统筹全局，遵循有序性，通过抓重点要素和困难要素，即抓住"一重一难"，使中国改革发展的各个因素之间达到相互衔接、相互平衡、联动运行、和谐共振，注重系统结构的优化，从而实现了整个系统最优化，产生并释放出最大的社会效益。

5. 按照新时代中国特色社会主义的战略任务贯彻落实 14 点基本方略

党的十九大报告指出："经过长期努力，中国特色社会主义进入了新时代，这是我国发展新的历史方位。"在新时代，"我国社会主要矛盾已经转化为人民日益增长的美好生活需要和不平衡不充分的发展之间的矛盾。"在新时代，我们党"紧密结合新的时代条件和实践要求，以全新的视野深化对共产党执政规律、社会主义建设规律、人类社会发展规律的认识，进行艰辛理论探索，取得重大理论创新成果，形成了新时代中国特色社会主义思想"。这一重大思想明确了新时代的总任务是实现社会主义现代化和中华民族伟大复兴，在全面建成小康社会的基础上，分两步走在本世纪中叶建成富强民主文明和谐美丽的社会主义现代化强国；明确了新时代我国社会主要矛盾是人民日益增长的美好生活需要和不平衡不充分的发展之间的矛盾，必须坚持以人民为中心的发展思想，不断促进人的全面发展、全体人民共同富裕；明确了中国特色社会主义事业总体布局是"五位一体"、战略布局是"四个全面"，强调坚定道路自信、理论自信、制度自信、文化自信；明确了全面深化改革总目标是完善和发展中国特色社会主义制度、推进国家治理体系和治理能力现代化；明确了全面推进依法治国总目标是建设中国特色社会主义法治体系、建设社会主义法治国家；明确了党在新时代的强军目标是建设一支听党指挥、能打胜仗、作风优良的人民军队，把人民军队建设成为世界一流军队；明确了中国特色大国外交要推动构建新型国际关系，推动构建人类命运共同体；明确了中国特色社会主义最本质的特征是中国共产党领导，中国特色社会主义制度的最大优势是中国共产党领导，党是最高政治领导力量，提出新时代党的建设总要求，突出政治建设在党的建设中的重要地位。为了具体贯彻落实这"八个明确"，新时代中国特色社会主义思想提出了全党同志必须遵循的14条基本方略。

这14条基本方略是：坚持党对一切工作的领导；坚持以人民为中心；坚持全面深化改革；坚持新发展理念；坚持人民当家作主；坚持全

面依法治国；坚持社会主义核心价值体系；坚持在发展中保障和改善民生；坚持人与自然和谐共生；坚持总体国家安全观；坚持党对人民军队的绝对领导；坚持"一国两制"和推进祖国统一；坚持推动构建人类命运共同体；坚持全面从严治党。这 14 条基本方略是一个统一的有机整体，其中坚持党的领导是核心、是统领，其他各条都必须围绕这个中心、统领展开。因此，要深入理解它们之间的关系并贯彻到日程工作中去，就必须拥有系统思维作支撑。

第四章
治国理政之辩证思维

　　辩证思维是科学的思想利器。习近平同志多次强调领导干部要切实提高辩证思维能力，善于运用辩证思维谋划经济社会发展，并身体力行，为全党树立了典范。自党的十八大以来，面对经济发展新常态下错综复杂的形势和协调推进党中央系列治国理政新理念新思想新战略的艰巨任务，领导干部深入学习领会、认真贯彻落实习近平同志关于辩证思维的思想和方法，对于增强工作的原则性、系统性、预见性和创造性，更好地履行领导职责、推动改革发展，具有特别重大的意义。

一、务实与务虚的辩证关系

　　虚与实是一对相互对立的概念，统一于人们的社会实践之中。通常，在人们的社会生活之中，虚者往往表现为理论、抽象、精神、理性、战略、长远、承诺、原则、必要性等概念范畴；而实者则体现为实践、具体、物质、感性、战术、眼前、兑现、可行性等概念范畴。虚与实的对立性在现实生活中就构成了一对矛盾关系，形成了社会发展的动力，它们相互对立、相互依存、相互统一，共同推动着社会的发展。

1. 虚实相生相长

正是由于虚实相生、虚实相长，这就催生了务虚与务实对立统一的辩证关系。所谓务虚，就是在科学理论指导下分析形势、思考问题、琢磨道理、谋划思路、把握未来，是对事物发展规律的深刻理解和决策之前的运筹帷幄。所谓务实，就是用实招、干实事、求实效，认认真真落实好每一项决策，扎扎实实办好每一件事情。一般来说，务虚是在解决"为什么这样做"的问题，而务实则是在解决"怎么做"的问题。务虚是务实的指导与规划，务实是务虚的实施与结果。只务虚，不务实，这就意味着只有指导和规划，没有具体的实践，不管多么宏大美妙的理论、计划、道理都将失去现实的基础，流为空谈；只务实，不务虚，实因失去虚的指导性而无延续性，终将消失在历史长河中，理想的务实来自于理想的务虚。务实与务虚在人们的社会实践中，呈现出一个周而复始的过程，务实是出发点与归宿，务虚是对务实的升华，两者相互转化，不断地推动社会的发展。

务实与务虚的辩证关系，要求领导干部在具体工作中善于利用辩证思维来处理好务虚与务实的关系。习近平同志多次作出重要论述，提出"各级领导干部既要重务实，又要善务虚，把务实与务虚有机结合起来"，强调"中国有 960 万平方公里国土，56 个民族，13 亿多人口，经济社会发展水平还不高，人民生活水平也还不高，治理这样一个国家很不容易，必须登高望远，同时必须脚踏实地"。由于肩负的责任使命，也由于特殊的工作要求，领导干部要有所作为、成就一番事业，必须正确处理务虚与务实的关系，既登高望远、成为善务虚的指挥家，又脚踏实地、成为重务实的实干家。而且职位越高、负责的工作越复杂，就越需要把务虚与务实结合好，就越需要把握好务虚与务实相互转换的时机与度。

2. 虚、实不能脱节

然而，在现实的工作实践中，并不是所有领导干部都能辩证地处理好务虚与务实的关系，往往表现为两种倾向：一是看不到两者的联系，衍生出两种不同的极端；二是将两者相互混淆，找不到问题的核心。若陷入第一种思维泥潭之中，则会出现要么只会务虚，要么只知道务实，看不到两者的联系。譬如有的同志只会"讲政策，讲文件，讲道理""嘴行千里，屁股在屋里"，讲道理头头是道，谈思路神采飞扬，但一面对实际工作、复杂问题，要么回避矛盾，不想干事；要么束手无策，不会干事；更有甚者，弄虚作假，忽悠上级、糊弄群众。实践证明，成功缘于实干，失败始于空谈。只务虚不务实，不可能成就事业。也有的同志只知道"蛮干"，或满足于办一些具体事情，不进行规律性的总结提升和系统谋划；或对上级的决策部署只会机械地执行，不会结合实际创造性地开展工作；要么整日忙于各种应酬，不进行深入学习和思考。这样的"务实"，其结果必然是陷入事务主义泥潭，就事论事，甚至会迷失前进方向。而第二种的思维倾向对于推进和落实我们的工作也是极为有害的。由于混淆虚实，有些领导干部在务虚之时，对理论、规划、战略、策略等并没有做到足够的高度和深度，只纠结于细枝末节的具体事务安排部署之中；而在进行务实之时，却只拘泥于理论或者规划的安排，无视实践过程之中所出现的具体矛盾，以"行政干预专业"等方式急于维护计划的实现，忽视了具体现实之中所出现的矛盾。

3. 就实论虚，以虚率实

就虚谈虚，缺乏事实和实干支撑，不是真正的务虚，也务不好虚，只能是夸夸其谈、故弄玄虚，甚至弄虚作假；就实谈实，没有理论上的升华，也不是真正的务实，不可能取得预期效果。因此，领导干部谋划发展，必须做到虚实结合，就像习近平同志要求的那样，"就实论虚，以虚率实"。这些年，海南把中央精神与本地实际相结合，统筹谋划"科学发展、绿色崛起、全面建设国际旅游岛"战略，并以"钉钉子"精神一项一项抓落实，有力推动了事业发展，不断地实现着务虚—务实—再务虚—再务实的循环往复提升。

二、重点与一般的辩证关系

习近平同志强调："在任何工作中，我们既要讲两点论，又要讲重点论，没有主次，不加区别，眉毛胡子一把抓，是做不好工作的。"习近平同志这段关于处理重点与一般辩证关系的论述，精练简明地告诫我们在具体的工作中要处理好这一对关系，既要狠抓重点，又要兼顾均衡，实现抓重点、带全局。

1. 辨析矛盾的此消彼长

所谓重点，是指在全局和长远工作中起决定性作用的方面、环节和因素，从哲学上讲就是主要矛盾和矛盾的主要方面。所谓一般，则指的是在工作之中起非决定性作用的方面、环节和因素，是次要矛盾和矛盾的次要方面。由于事物是普遍联系和永恒发展的，在事物发展的过程中，总是存在着许许多多的矛盾。主要矛盾在这些矛盾中起着决定性的作用，而其他的矛盾则服从于它。即使是主要矛盾成为重点，重点之中还有重点，即主要矛盾的主要方面。矛盾是事物发展的根本动力，解决了这些主要矛盾或矛盾的主要方面，矛盾才能得到解决，事物才能得到发展。但是主要矛盾与次要矛盾，矛盾的主要方面与次要方面，也不是固定的、一成不变的。在一定的条件下，由于内部力量的变化，主要矛盾与次要矛盾、矛盾的主要方面与矛盾的次要方面之间的力量会此消彼长，相互渗透，在一定条件下相互转化，从而构成了重点与一般的辩证关系。这也是领导干部在谋发展促改革等具体工作中需要掌握和运用的又一辩证思维。

党的十九大报告指出，中国特色社会主义进入新时代，我国社会主要矛盾已经转化为人民日益增长的美好生活需要和不平衡不充分的发展之间的矛盾。这一重大战略判断，为新时代谋划发展、推动发展指明了正确方向。这也是以习近平同志为核心的党中央善于抓住主要矛盾、进行辩证思维的重要体现。

2. 善于"牵牛鼻子"

在实际工作中，由于面对的事务总是千头万绪，而时间和精力总是有限的，能支配和调动的资源也是有限的，必须集中时间精力、集中优势资源狠抓重点。俗话说，"牵牛要牵牛鼻子"，讲的就是这个道理，在工作中要善于解决当务之急。因此，一定要牢牢掌握抓主要矛盾、抓重点、抓要害的领导方法。一要找得准。要做到对主要矛盾抓得准，认真细致的调查分析最为紧要。领导干部要善于深入基层、深入工作领域的各个角度，多视角、多因素地分析比较，分清局部问题和全局问题，找准全局工作中的重点事项、关键环节，做好把脉诊断工作；二要抓得狠。分析问题只是解决问题的开始，将工作领域的工作事项进行排序之后，要对重点工作扭住不放、一抓到底，要以焦裕禄的工作精神为标尺，对自己负责解决的重点项目持抓不懈，做到踏石留印、抓铁有痕，善始善终、善作善成。海南深刻分析制约全局的关键因素，把"多规合一"改革、农垦改革作为重点，靶向发力、狠抓落实，取得了多项突破。唯物辩证法告诉我们，主要矛盾是在一定条件下形成的，也会在一定条件下发生转移。要避免静态的、刻舟求剑式的思维方式，用动态的、发展的眼光去分析和解决主要矛盾，紧紧盯住主要矛盾的变化，做到什么问题突出就狠抓什么问题，哪里的工作要紧就狠抓哪里，不断增强抓重点的针对性、实效性。《孙子兵法》云，"兵无常势，水无常形"，讲的就是要善于抓住主要矛盾和工作重心的变化，因时制宜、因地制宜，拿出有效的解决办法。

必须认识到，我国社会主要矛盾的变化是关系全局的历史性变化，对党和国家工作提出了许多新要求。我们要善于"牵牛鼻子"，在继续推动发展的基础上，着力解决好发展不平衡不充分问题，大力提升发展质量和效益，更好满足人民在经济、政治、文化、社会、生态等方面日益增长的需要，更好推动人的全面发展、社会全面进步。

3. 抓典型带一般

正确处理重点与一般的问题，不仅仅要体现在处理急难险重的事情上，还应落实到日常管理工作上。任何一项工作与活动，都存在一个重点与一般的关系问题。在处理各项事务的时候，每一项工作都是彼此相互联结、相互影响的，从人到事都是如此。因此，在开展工作的时候，就有一个抓重点、树典型的问题，其根本目的是为了这项重点工作能够高效高质地完成，以此来带动其他次要的工作任务能够顺利完成。而单从人的积极性而言，抓典型则是为了抓住主要工作力量，通过引导调动大家的工作积极因素，消除克服消极因素，来调动大家将主要工作做好，克服重点难题。

　　当然，抓主要矛盾并不意味着次要矛盾就可以不抓，其他矛盾就能自然而然地得到解决。在处理重点和一般的关系问题上，很多人人为地将重点和一般机械对立，要么无视一般，只强调重点，认为只要将主要工作做好了就万事大吉，其他事情都不重要；要么忽视重点，只看到一般，认为所有问题都一样重要，抓到什么问题就解决什么问题。这些想法都是错误的，都只看到了重点和一般之间对立的一面，而没有意识到重点和一般是相互依存、相互影响、相互渗透的。和主要矛盾相比，次要矛盾和矛盾的次要方面虽然处在次一级地位，但是，对于每一个矛盾，对于矛盾的每一个方面，我们都不能掉以轻心，虽然各种矛盾的化解不是齐头并进的，但不能顾此失彼，都要及时加以解决。事实上，主要矛盾和矛盾的主要方面的存在是以多种矛盾和矛盾的多种方面为前提的，处理不当，它们就会在一定条件下转化为新的主要矛盾和矛盾的主要方面，进而打乱原有工作布局，轻则形成短板效应，严重的则会影响甚至阻碍经济社会发展全局，历史上这方面的教训是深刻的。这就要求我们要学会"弹钢琴"，把两点论和重点论统一起来，既善于抓重点、抓关键，又善于统筹兼顾、以点带面，拿捏好各项工作的力度和进度，实现统筹推进，牢牢掌握解决问题的主动权。

　　因此，正确处理经济社会发展过程中重点和一般的关系，这是新时期我们深刻领会中央精神和具体方针政策的前提，是我们保持经济社会良好发展的内在要求和必然选择。

三、当前与长远的辩证关系

当前和长远辩证统一于事物的发展过程中。着眼当前现实是谋划长远发展的基本准备，谋划长远发展是着眼当前现实的必然趋势。两者息息相关，密不可分，在事物发展过程中紧密配合。世界上万事万物都是作为过程而存在的，都处在特定过程中，都是过去、现在与未来的连接点。着眼当前的现实即立足于现实需要、当前作用，切切实实做好每一件事，夯实基础，层层推进，厚积而薄发；谋划长远的发展则是在重视当前短期作用的基础上，开拓视野，放眼未来，以"运筹帷幄之中，决胜千里之外"的胆识和勇气谋划中国的发展未来，下一盘活棋。

1. 求实效、谋长远

这就要求领导干部在思考、谋划、推进工作的关系中，必须像习近平同志所要求的那样，"我们做一切工作，都必须统筹兼顾，处理好当前与长远的关系。我们强调求实效、谋长远，求的不仅是一时之效，更有意义的是求得长远之效。当前有成效、长远可持续的事要放胆去做，当前不见效、长远打基础的事也要努力去做。"千万不要"空前绝后"，出现"前任的政绩，后任的包袱"，甚至犯下不可补救的过失，造成不可挽回的损失。

将当前和长远这对相互对立、相互统一的关系纳入现实生活体味领会时，不难发现：一个人想问题、办事情首先考虑当前的作用、现实的需要，这是合情合理、正常自然的。问题的关键则在于在考虑当前的同时要有长远目标、长远规划，处理好当前与长远的关系，让两者在相互对立的过程中相互促进，走向统一。

2. 克服当前与长远的错位

坚决防止只顾当前、不顾长远，或者奢谈长远，脱离当前。在实际工作中，这两种错误或多或少都会存在。有的同志，太过理想化，脱离实际，不深入基层考察社会人民生活状况，制定不合理的长远目标，使具体实施者无从下手，结果则不尽如人意；相对于长远目标定的太高、不切实际而言，更突出的是有的同志只顾当前、不顾长远，只是拘泥于当前的好处与利益，胸中并无长远的规划与前途，只想马上见效，立竿见影，不管不顾子孙后代的利益诉求，比如，抓经济急功近利，不考虑资源环境承载能力，不为子孙后代谋发展，造成环境污染、资源短缺等问题，不对子孙后代负责。

当前工作与长远目标的错位是由主观原因、客观原因共同导致的结果。从客观原因看，有制度机制、用人导向等因素，比如，以往一段时间过于看重领导干部任期内的显绩，有的地方考核评价领导干部主要以 GDP 论英雄。从主观原因看，一是心浮气躁，人浮于事，有的领导干部急于出政绩，只关注当时当地的作用，不管不顾未来的长远的规划发展，将自身政绩放在追求的首位，追求短平快，忽视长精尖；二是缺乏远见，没有高屋建瓴、纵横捭阖的胆识和能力，只拘泥于当前的利益格局，突破不了自身的局限性，不主动学习或是学习能力水平不高，虽然主观上并不想做不符合长远要求的事情，也想大刀阔斧迈步长远，但能力有限、目光短浅，不清楚长远的要求到底是什么、今后的发展方向在哪里，基本却又核心的问题因为能力不足等条件的限制无法领会理解，从而导致工作的裹足不前、亦步亦趋。

3. 做好远近衔接的功夫

解决这些问题，关键要在远近衔接上下功夫，把长远目标落实到当前的一件件具体事情上，赋予当前工作以长远的意义，找准当前与长远相结合的发力点。在长远意义的指导下落实当前具体之事，件件亲历亲为，做到心中存长远，当前谋发展。在当前与长远结合的准确发力点上，思考在实际生活中的体验领悟，将当前与长远的辩证统一关系切实落到实处。而找准当前与长远相结合的发力点需要领导干部具备一定的历史感，在历史进程中梳理当前与长远的关系，从实践出发，确切体会，总结规律，上升至理论层面，更好地领会、理解、把握、应用当前与长远的辩证统一关系，更好地享受当前与长远在实践中完备结合所带来的发展红利。

党的十九大报告指出，今天，我们比历史上任何时期都更接近、更有信心和能力实现中华民族伟大复兴的目标。但是，行百里者半九十。中华民族伟大复兴，绝不是轻轻松松、敲锣打鼓就能实现的。全党必须准备付出更为艰巨、更为艰苦的努力。

在各项具体工作中，领导干部要深刻领会并贯彻落实习近平同志的讲话，兼顾当前与长远，做到不偏不倚，协调统一发展。在海南，正确处理当前与长远的关系突出表现为经济发展与环境保护的齐头并进。经济发展包括三层含义：经济量的增长，其构成经济发展的物质基础；经济结构的改进和优化；经济质量的改善和提高。由是，经济发展不仅意味着国民经济规模的扩大，更意味着经济和社会生活水平的提高。环境质量是人们生活素质水平评价中的重要一维，在经济发展的同时不能忽视环境保护。如何在保证经济发展的前提下，做好环境保护呢？则迫切需要处理好当前与长远的关系，不能只注重当前经济发展规模的壮大，忽视自然环境的承受能力，忽视对未来发展格局的长远规划，不加节制地开发、利用自然资源，使人们的生存环境超负荷运转，不能实现良好的自我更新，破坏其自我调整的机制，"青山绿水"终成了"穷山恶水"。2013 年 4 月，习近平同志在海南调研考察时强调，青山绿水、碧海蓝天是建设国际旅游岛的最大本钱，必须倍加珍爱、精心呵护。海南省贯彻落实这一重要指示精神，始终坚持生态立省，一方面大力发展绿色低碳产业，推动产业转型升级；另一方面深入开展绿化宝岛大行动，严惩破坏环境的违法犯罪行为。经过努力，海南生态环境一直保持全国一流水平，实现了发展与保护的双赢、当前与长远的统一。

四、继承与创新的辩证关系

唯物辩证法认为，继承与创新是事物的两个方面。继承是创新的基础，继承的最终目的是创新、最高境界是创新；创新是继承的发展，是站在前人肩膀上的新发现、新发明、新创造。继承—创新—再继承—再创新的循环往复，促进了事物波浪式前进、螺旋式上升。对于继承与创新的关系，习近平同志指出："我们是历史唯物主义者，要认识到没有继承，就没有发展；没有创新，就没有未来。必须始终坚持在继承中创新，在创新中发展。"这为我们正确处理继承与创新的关系提供了重要遵循。

1. 高度重视继承

所谓继承，既不是对现有事物的照搬照抄，也不是对现成经验的全盘接受，继承是对原有事物的批判性选择，是一个剔除原有事物中消极腐朽的糟粕部分、保留原有事物中积极合理的精华部分的过程。继承，是否定过程中的肯定，是一种辩证的否定，其实质是"扬弃"。对一个民族、一个国家、一个政党来讲，一些好的传统、经验、做法必须坚持传承和弘扬。习近平同志在井冈山调研考察时指出，革命先辈们的红色基因一定要传承好，一代一代传下去。在实际工作中，有的同志把继承与创新割裂开来、对立起来，认为要继承就不能创新，创新就要另起炉灶。这是一种认识误区，实质是对继承和创新都缺乏科学把握，必须加以破除。从一定意义上讲，一个不能很好地继承传统、不能从优良传统中找到未来发展基因的民族是没有希望的。一个时期以来，一些人片面夸大中华传统文化的消极面，甚至对中华优秀传统文化进行批判和挞伐，在传统与现代之间垒起一堵墙。事实上，优秀传统文化是实现现代化的根脉和源泉。我们对其必须坚持创造性转化、创新性发展，增强文化自信，让优秀传统文化为实现中国梦服务。

2. 大力倡导创新

原封不动照单全收不是创新，以好好先生的心态故步自封，在原地兜兜转转，这是一种思维的懒惰，是不作为的表现；不改实质修修补补也不是创新，"互联网占卜"式"创新"最要不得，这种假创新容易迷惑社会，有创新之名而无创新之实，阻碍创新实干者积极开展创新；抛开现实另搞一套更不是创新，这种异想天开、哗众取宠的"创新"看着热热闹闹，实际上无益于社会发展，浪费社会资源。以上几类"创新"，得到的最终结果不是没有创新，而是落后于时代发展，被历史所淘汰。所谓创新，是对新事物的培育，是新思维的变革，是在突破条条框框的桎梏的过程中创造性地开展工作。回顾我国改革开放30多年的历程，我们之所以能够创造世界发展史上的奇迹、成为全球第二大经济体、走出一条中国特色社会主义道路，根本原因就在于我们党坚持改革开放，坚持积极探索，带领全国人民不断推进理论创新、制度创新、科技创新、文化创新以及其他各方面创新，把改革创新贯穿于党和国家的全部工作；当前经济社会发展中之所以存在一些突出矛盾和问题，主要原因也在于对创新的认识不深，阻碍创新发展的各方面因素仍然存在，社会创新意识有待进一步激发。以习近平同志为核心的党中央把创新放在新发展理念之首，着力实施创新驱动发展战略，大力倡导大众创业、万众创新，为我国经济社会发展注入了新的不竭动力。

3. 正确把握继承和创新的关系

继承与创新是一对既对立又统一的辩证关系，继承与创新互为依托，继承是创新的基础和源泉，创新是继承的目的和结果。继承和创新之间相互作用、相互影响，是一个从量变走向质变的螺旋式前进的过程，是旧事物转变为新事物的突破性演进。在实践中要做到正确把握继承和创新之间的关系，就要做到去伪存真，推陈出新，开拓进取，革故鼎新。比如，党的十九大强调，要深入挖掘中华优秀传统文化蕴含的思想观念、人文精神、道德规范，结合时代要求继承创新，让中华文化展现出永久魅力和时代风采。

对于领导干部来说，既要处理好如何继承的问题，也要处理好如何创新的问题，在科学把握继承和创新二者关系的基础上则要着重突出创新的重要地位，强调创新在经济社会发展中的重要作用。创新既是要求又是责任，必须牢固树立抓创新就是抓发展、谋创新就是谋未来的理念，把创新贯彻到做好工作的各方面、推动发展的全过程。党员领导干部要做创新发展的带头人、行动者，遇到矛盾不回避，迎难而上，以创新办法寻求化解矛盾的"钥匙"；遇到复杂局面大胆探索，以创新思路萃取化繁为简的"良方"；遇到瓶颈制约敢闯敢试，以创新举措打开实现突破的"锦囊"。要做创新发展的呵护人、推动者，满腔热情地鼓励创新，满心欢喜地发现创新，满怀信心地培育创新。对上级的创新政策要积极领会、坚决执行，对下级的创新点子要多多点赞、决不压制，对左邻右舍的创新做法要虚心学习、认真借鉴，对前任的创新成果要理解尊重、不"翻烙饼"，对后任的创新思路要包容大度、给予支持。正如习近平同志所说，"唯改革者进，唯创新者强，唯改革创新者胜……拿出'敢为天下先'的勇气，锐意改革，激励创新。"要着重指出的是，在当前经济发展新常态背景下，改革进入深水区，党员领导干部要勇于承担历史赋予的责任，敢于担当，以英雄的气魄推进改革创新，敢涉险滩，敢啃硬骨头，实干苦干，不断推进海南省经济和社会在传承中创新发展。

事实上，面对中华民族的伟大复兴之梦，领导干部所需要的绝不仅仅是掌握上面提及的四个关系所要求的辩证思维，在现实生活中还有很多对立统一的辩证关系都值得我们去掌握与分析。譬如，稳定与发展，公平与效率，权利与义务，对外开放与独立自主，国际视野与民族情结，中国梦与个人梦等等，这些对立统一关系都彰显着当前中国社会的辩证逻辑，同时也表明着马克思主义辩证法的历史性在场。虽然我们"现在的领导干部不少人受过专业训练，也不缺专门知识，但其中的很多人不懂哲学，不善于辩证思考"，急需回到马克思主义的经典论述，结合我们过去历史中遵循或偏离辩证法的历史经验和教训，总结和反思自身工作和思维方式上的缺陷，以期进一步提升自身的辩证思维能力，使得在今后的工作思想方法和工作方法上进一步地提高。这不仅仅是重新燃起马克思主义辩证法在民众心中的生命之火，树立起人们对于社会主义道路的自信，更为重要的是能以辩证思维的方式作用于社会现实，推动着中国梦不断地从观念、从可能性转变成现实、成为历史的必然。

第五章
治国理政之创新思维

　　创新，顾名思义，就是指人们为了发展需要，运用已知的信息和条件，突破常规，发现或产生某种新颖的、独特的、有价值的新事物、新思想的活动。创新的本质是突破，即突破旧的思维定式，旧的常规戒律。创新精神是中华民族最鲜明的禀赋，贯穿了整个中华民族五千年文明的发展轨迹，为世界贡献了无数思想创新、文化创新、科技创新的成果。而所有的创新都根源于创新思维，它是一切创新活动的先导。没有创新思维，就没有创新的行动和实践。创新思维是马克思主义因时制宜、知难而进、开拓创新的科学思维方法和艺术。它是人类一切创新活动的精神之根、思想之源。没有思维创新，人类的一切创新活动、人类文明的发展与进步都无从谈起。唯创新者进，唯创新者强，唯创新者胜。党的十八大以来，以习近平同志为核心的党中央在治国理政的历程中，坚持和发展中国化马克思主义创新思维方法论，立足世情国情社情民情党情，不断推进理论创新、实践创新、制度创新。党的十九大报告指出，实践没有止境，理论创新也没有止境。世界每时每刻都在发生变化，中国也每时每刻都在发生变化，我们必须在理论上跟上时代，不断认识规律，不断推进理论创新、实践创新、制度创新、文化创新以及其他各方面创新。

一、"苟日新，日日新，又日新"

"苟日新，日日新，又日新"，这可能是在谈及创新问题时，被引用最为广泛的一句话了。这是商朝的开国君主成汤刻在澡盆上的警词，旨在激励自己自强不息，创新不已。这句简洁隽永的古语从动态角度来强调不断创新，已经沉淀为中华民族思想观念的精髓，正是我们不断创新的思想源泉。习近平同志在与青年代表座谈、全国政协新年茶话会、布鲁日欧洲学院演讲、院士大会等多个场合引用了这句话，而且在治国理政的实践中践行这句话。其治国理政的创新思维不仅内涵丰富，而且风格独特，有着鲜明的特点。这些特点既体现出他具有马克思主义创新思维方法论的深厚底蕴，又与时俱进地丰富发展中国化马克思主义创新方法论，更体现出他个人独特的思想创造、精神境界与思维风格。

习近平同志的创新思维，突出表现为以下三个特点：

1. 理论创新与实践创新同步推进

中国传统文化十分强调创新，要求人们不断更新自己、主动适应时代，推动社会发展，而不能因循守旧，阻挡历史前进的步伐。在经济全球化的背景下，中国的改革发展既存在着难得的战略机遇，也遭遇到前所未有的困境与挑战，改革、发展、稳定的矛盾、冲突与互动更加复杂并充满不确定性，需要以创新思维来研究和解决。2017 年 5

月3日，习近平在中国政法大学考察时指出，"青年时期是培养和训练科学思维方法和思维能力的关键时期，无论在学校还是在社会，都要把学习同思考、观察同思考、实践同思考紧密结合起来，保持对新事物的敏锐，学会用正确的立场观点方法分析问题，善于把握历史和时代的发展方向，善于把握社会生活的主流和支流、现象和本质。要充分发挥青年的创造精神，勇于开拓实践，勇于探索真理。养成了历史思维、辩证思维、系统思维、创新思维的习惯，终身受用"。这里所说的创新思维，是指打破常规、超越陈规，转变思维习惯、突破思维定式，强化问题导向，不断推进理念创新、思路创新、制度创新和方式创新，不断研究新情况、解决新问题、创造新经验、开创新局面的思维方法。它具有锐意创新的勇气、敢为人先的锐气、蓬勃向上的朝气等品质。

我们党始终重视实践基础上的理论创新，并坚持用理论创新成果武装全党，这是我们党的一条重要经验，也是一个巨大理论优势。理论创新是中国共产党人的优良传统，一部中国共产党的历史就是一部中国共产党人不断把马克思主义基本原理与中国实际相结合进行理论创新的历史。党的十八大以来，以习近平同志为核心的党中央十分重视理论创新，围绕坚持和发展中国特色社会主义形成了一系列理论创新成果。主要有：培育和践行社会主义核心价值观；实现中华民族伟大复兴的中国梦；协调推进"四个全面"战略布局；树立创新、协调、绿色、开放、共享的发展理念；主动适应、把握、引领经济发展新常态；等等。2014年12月在江苏调研时第一次创造性地提出了"四个全面"的战略布局，这是我们党推进理论创新的最新成果，是凝聚思想共识、全面深化改革、推动经济社会持续健康发展的基本遵循，是在新的历史起点上实现新的奋斗目标的科学指南。这些理论创新不是凭空出世，也不是奇思异想，它们根源于实践，是对我国改革发展中出现的新情况新问题新挑战的准确把握的基础上的科学判断。

党的十九大报告指出，习近平新时代中国特色社会主义思想，是对马克思列宁主义、毛泽东思想、邓小平理论、"三个代表"重要思想、科学发展观的继承和发展，是马克思主义中国化最新成果，是党和人民实践经验和集体智慧的结晶，是中国特色社会主义理论体系的重要组成部分，是全党全国人民为实现中华民族伟大复兴而奋斗的行动指南，必须长期坚持并不断发展。

当前，改革已进入攻坚区和深水区，新的发展阶段呈现出新特点、产生着新问题、新矛盾、新挑战，如何在经济新常态下调结构、转方式，如何以法治引领国家治理的现代化，如何通过反腐败、转作风激发前进新动力……可以说，实践创新任重道远，实践创新是理论创新的现实基础。党的十八大以来习近平同志发表的系列重要讲话，不仅提出了一系列新的治国理政理论，而且扎实稳步地推动了一场场新的治国实践活动，将党的建设和国家的建设提高到一个新的水平，获得了人民的高度认可。比如，实施创新驱动发展战略，推进国家治理体系和治理能力现代化，开展群众路线教育实践活动，推进"两学一做"学习教育常态化制度化，等等。因此，坚持好发展中国特色社会主义，奋力推进改革开放和现代化建设取得新进展、实现新突破、迈上新台阶，必须以理论创新引导实践创新，以实践创新推动理论创新，同步推进理论创新和实践创新，实现二者的良性互动。

2. 坚持问题导向下的解放思想

时代是思想之母，实践是理论之源。坚持问题导向是习近平治国理政创新思维的基本特点之一，而解决问题的基本原则主要是与时俱进地解放思想，针对思想解放过程中发现的新问题采取创新的举措。

解放思想是思维创新、改革创新的基本前提。只有冲破旧思想、旧观念的束缚与限制，解放思想，勇于担当，敢为人先，才能更好地接受新思想、新观念、新事物，从而为创新提供源源不断的新的思维材料。那些思想僵化的人，不可能真正表现出创新能力，也不可能在理论与实践上有所创新。习近平反复强调"我们要拿出勇气，坚持改革开放正确方向，敢于啃硬骨头，敢于涉险滩，既要勇于冲破思想观念的障碍，又要勇于突破利益僵化的藩篱……做到改革不停顿、开放不止步"。改革越是深入，就越要进一步解放思想。当前，我们已经到了不改革创新就不能前进的发展阶段，不解放思想，改革创新就迈不开步子，不进则退，已有的成果也会守不住。只有解放思想，才能发现前进中的短板和问题；只有解放思想，才能主动解决主观和客观不适应的问题，使我们的思想认识符合客观实际发展变化；只有解放思想，才能把握变化中的机遇，用创新的办法不断突破瓶颈、解决问题。我们必须有自我革新的精神，坚决摒弃一切不符合社会主义市场经济规律的思想观念，大胆革除一切制约发展的体制机制弊端，彻底改变一切束缚创新创业创造手脚的政府管理方式。

解放思想，必须坚持实事求是、坚持问题导向。解放思想不是好高骛远，解放思想的落脚点在于不断发现问题、又不断解决问题。习近平治国理政的创新思维表现出强烈的"问题意识"，直面问题、不回避改革发展中的矛盾，立足当前中国基本国情和改革的与时俱进问题。他指出："我们强调，要有强烈的问题意识，以重大问题为导向，抓住关键问题进一步研究思考，着力推动解决我国发展面临的一系列突出矛盾和问题。我们中国共产党人干革命、搞建设、抓改革，从来都是为了解决中国的现实问题。可以说，改革是由问题倒逼而产生，又在不断解决问题中得以深化。"四个全面"战略布局就生动地体现了以问题为导向，从某种意义上讲，"四个全面"的战略，旨在补齐建设小康、深化改革、推行法治、推进党建过程中出现的"短板"。

学习习近平系列重要讲话，我们发现，每当他在充分肯定我国发展取得的成绩和良好趋势时，也会指出国际国内各种不利因素的长期性、复杂性，不回避矛盾，不掩盖问题，并努力寻找解决问题的方法途径。因而，执政之始，他就以巨大的勇气与毅力，全面推进深化改革与广泛而持续的整风，尤其是一些党员干部中发生的贪污腐败、脱离群众、形式主义、官僚主义等问题，已达到必须警醒的"亡党亡国"的危险程度。正是强烈的问题导向，为其不断解放思想，与时俱进进行理论创新和实践创新提供了真实可靠的素材和目标，体现了共产党人求真务实的科学态度。

3. 观念创新与实践创新相互促进

创新，首先应该观念创新、思维创新。没有思想观念的创新，其他方面的创新就无从说起。认识源于实践，正确的观念反映事物的内在规律。人类总是不断发展进步，也就是不断创新的过程。实践的创新，反映了观念的创新，反过来又促进观念的创新。中国特色社会主义理论体系要不断发展完善，必须有全新的思维模式和思想观念。只有观念创新，才能更好地认识和改造客观世界，触发思维方式、行为方式的一系列变革。改革开放近40年的历程，就是在中国特色社会主义理论体系指导下，坚持一切从实际出发，解放思想，实事求是，勇于探索，开拓创新，从而不断把推进中国特色社会主义伟大事业推向前进的伟大历程。

创新思维在治国理政的伟大实践中无处不有体现。党的十八大以来，习近平同志以敢为人先的锐气、以上下求索的执着，对改革理念进行了全面升级，在改革问题上形成了聚焦，推动了一系列治国理政的理论创新和实践创新，为建设成具有强劲竞争力的创新型国家作出了巨大贡献。

发展道路创新。中国在发展道路上的创新，就是坚持走出一条中国特色的社会主义道路。这条道路既是马克思主义同中国当代实际相结合走出来的道路，也是当代中国共产党人用中国化的马克思主义创造性地开拓出来的发展道路。

制度创新。社会主义能否发挥其优越性，关键在于其制度的好坏。制度创新不是某一方面的，而是包括经济体制、政治体制、科技体制、教育体制、干部体制、财政体制、金融体制等各个方面。实际上，我们党领导的改革开放事业，就是一项制度创新的伟大工程。社会主义要永葆其青春和活力，就需要我们根据变化着的新情况适时进行制度创新，使社会主义制度以新的内容和形式走向新的历程。

科技创新。科技创新就是发展生产力。在现代化建设中，科技创新和制度创新是决定性的因素。科技创新带来生产力的重要变革，经济体制创新则带来生产关系的重要变革。把这两种变革紧密结合起来，就是实现经济社会的可持续的快速健康发展。

文化创新。文化发展的源泉在于创新，文化功能的实现也在于创新，没有创新，就无从谈及文化的先进性。一部人类文明史和文化史，就是人类创新活动的历史。一个国家、民族勇于创新，就必然壮大和强大强盛，其文化就必然充满生机和活力，抱残守缺、因循守旧就注定走向落后，文化发展也相应走向萎缩。因此，当代世界都把文化当成国际竞争软实力。

二、创新，打造高速发展的引擎

在人类发展史上，创新始终是推动一个国家、一个民族向前发展的重要力量，也是推动整个人类社会向前发展的重要力量。无论是第一、第二次工业革命，还是现今面对的新一轮产业革命，创新都是创造新需求、引领新方向的根本。当前我国正处于转型发展的关键时期，经济发展进入新常态，深层次矛盾凸显，经济下行压力持续加大。习近平不厌其烦地讲创新，并把创新思维运用于治国理政的实践中，是基于对世界发展态势和历史发展脉络的深刻把握，是基于对我国发展全局的精准认知，而创新，对当代经济社会的发展更有着迫切的现实意义和深远的战略意义。

1. 创新是一个民族进步的灵魂

2013 年 10 月 21 日，习近平同志在欧美同学会成立 100 周年庆祝大会上讲话时指出："创新是一个民族进步的灵魂，是一个国家兴旺发达的不竭动力，也是中华民族最深沉的民族禀赋。在激烈的国际竞争中，惟创新者进，惟创新者强，惟创新者胜。"他的讲话深刻阐述了创新对于推动人类发展的极端重要性。回顾中华民族文明史，我国近代落后挨打的主要原因是与历次科技革命失之交臂，导致科技弱、国力弱。

20 世纪 90 年代，美国哈佛商学院著名学者迈克尔·波特先生在他的《国家竞争优势》一书中首次提出创新驱动理论。波特认为，一个国家当人均 GDP 在 1000 美元以下的时候，经济发展主要靠资源驱动；1000 美元至 10000 美元的时候，经济发展主要靠资本驱动；

10000 美元以上的时候，经济发展主要靠创新驱动。目前，中国的经济发展，由主要靠资源＋资本开始向创新驱动转变。改革开放近 40年，我国走的是一条粗放型发展的路子，如今再以要素驱动、投资规模驱动发展为主已不可持续，加快向以创新驱动发展为主转变迫在眉睫。以习近平同志为核心的党中央放眼世界、立足全局、面向未来及时提出实施创新驱动发展战略，强调科技创新是提高社会生产力和综合国力的战略支撑，必须摆在国家发展全局的核心位置。这一重大决策对我国形成国际竞争新优势、增强发展的长期动力，实现"两个一百年"和中华民族伟大复兴奋斗目标具有非凡的战略意义。习近平同志针对国家发展新阶段的特点和使命，及时把创新驱动战略上升到"决定中华民族前途命运"的高度，把"大力实施创新驱动"纳入了国家发展战略，进一步全面系统地阐述了推进科技创新的目标、思路和重点，提出了"五个着力"要求。无论从推动理念转变、科技兴国，还是从力推人才培养、建设学习型社会和重视智库建设，无不显示出习近平为中国社会持续发展培育新的内生动力、为"两个一百年"目标和强国梦的实现挖掘动力源泉的深层思考和长远考量。

2. 创新驱动，应对国际国内新形势挑战

"新一轮科技革命带来的是更加激烈的科技竞争，如果科技创新搞不上去，发展动力就不可能实现转换，我们在全球经济竞争中就会处于下风。"全球新一轮的科技革命，将带来更为激烈的科技竞争，只有注重创新能力的提高，顺利实现发展动力的转换，才能更好地参与全球经济的竞争。当前，从全球范围看，科学技术越来越成为推动经济社会发展的主要力量，创新驱动是大势所趋。即将出现的新一轮科技革命和产业变革与我国加快转变经济发展方式形成历史性交汇，

为我们实施创新驱动发展战略提供了难得的重大机遇。我们必须紧紧抓住和用好新一轮科技革命和产业变革的机遇，不能等待、不能观望、不能懈怠。

从国内看，创新驱动是形势所迫。我国经济总量已跃居世界第二位，社会生产力、综合国力、科技实力迈上了一个新台阶。同时，我国发展中不平衡、不协调、不可持续问题依然突出，人口、资源、环境压力越来越大。物质资源必然越用越少，而科技和人才却会越用越多。我们要推动新型工业化、信息化、城镇化、农业现代化同步发展，必须及早转入创新驱动发展轨道，把科技创新潜力更好释放出来，有效破解产能严重过剩、资源环境约束等制约经济社会发展的系列难题，加快形成以创新为主要引领和支撑的经济体系和发展模式。今天，日益强大的国力，为创新铸就了远比当年雄厚的基础，全面深化改革的实践，为创新提供了前所未有的宽广舞台。但是，国民经济发展中长期积累的一些深层次矛盾和问题依然没有得到根本性的解决，且更加凸显，成为十分激烈的挑战，主要表现在三个方面：

一是资源环境瓶颈约束日益加剧。据统计，我国人均能源资源占有量不到世界平均水平的一半，加之对资源的利用率明显低下，使得资源的约束更加严重。再加上粗放型的资源利用，导致环境的污染破坏严重，成为当前生态文明建设的一个重大障碍。

二是人才瓶颈约束日益突出。当今综合国力的竞争，其实就是科技实力竞争，说到底，就是创新人才的竞争。目前，全世界大多数发明专利都掌握在发达国家手里，发达国家及其跨国公司凭借科技优势和建立在科技优势基础上的国际规则，形成了对世界市场特别是高新技术市场的垄断，牢牢把持国际产业分工的高端，获取超额利润。然而，我国科学技术发展的现实情况还不能令人满意，科技领军人才和战略科学家明显不足。

三是国际竞争压力对中国企业的挑战日益严重。全球化不是"免费的午餐",缺乏核心竞争力是很难分享全球化成果的。我国高技术产业增加值尽管逐年增长,但与世界第二大经济体严重不符。

坦率地讲,创新是走出发展瓶颈的必然选择,也是破解关键技术受制于人难题的战略选择。只有紧紧依靠创新驱动,才能牢牢把握发展的主动权,抓住和用好宝贵的战略机遇期,在激烈国际竞争中赢得战略主动。

3. 创新是推动人类持续发展的不竭动力

从某种意义上说,在科技高速发展的当今世界,科技实力决定着世界政治经济力量对比的变化,也决定着各国各民族的前途及在国际上的地位。改革开放以后,创新推动了中国的迅猛发展,中国不仅强大了,而且许多方面迎头赶上甚至领先了早期现代化国家,迅速走向市场化、信息化、新型工业化,根本之道就是改革创新。综合国力竞争说到底是创新的竞争。

自 21 世纪以来,新一轮科技革命和产业变革孕育兴起,全球科技创新呈现出新的发展态势和特征。对此,习近平强调:"我们比以往任何时候都更加需要强大的科技创新力量。""实施创新驱动发展战略,最根本的是要增强自主创新能力,最紧迫的是要破除体制机制障碍,最大限度解放和激发科技作为第一生产力所蕴藏的巨大潜能。"近年来,我国积极应对信息、生物、新材料、新能源等领域高新科技竞争态势,破解自主创新能力不强、高层次人才不足等问题,大力实施人才强国战略,广揽海内外英才,着力推进"千人计划""万人计划"等国家级人才工程,同时强力推进简政放权,倡导"大众创业万众创新"，都是为应时应势推进创新的举措。正如 2015 年 3 月习近平在参加十二届全国人大三次会议上海代表团审议时所说："创新是引领发展的第一动力。抓创新就是抓发展，谋创新就是谋未来。"面对复杂的改革环境、艰巨的发展任务，今天的中国比以往任何时候都更加需要创新驱动。我们必须把创新作为引领发展的第一动力，把人才作为支撑发展的第一资源，把创新摆在国家发展全局的核心位置，把握好国内外发展大势和经济社会发展规律，不断推进理论创新、制度创新、科技创新、文化创新等各方面创新，一以贯之地用创新眼光观察新事物，用创新思维思考新问题，用创新办法解决新矛盾。

三、创新思维融入治国理政

在习近平的治国理政思维中，"创新"始终占据着重要位置。自党的十八大以来，在习近平同志的公开讲话和报道中，"创新"一词出现逾千次，可见其受重视程度。习近平的这些重要论述，涵盖了创新的方方面面，包括科技、人才、文艺、军事等方面在理论、制度、实践的创新。正由于有创新思维在治国理政实践中的切入，党的十八大以来，以习近平同志为核心的党中央才形成了一系列治国理政新理念新思想新战略：第一次提出完善和发展中国特色社会主义制度，推进国家治理体系和治理能力现代化的改革总目标；第一次提出推动顶层设计和基层探索良性互动、有机结合；第一次提出"使市场在资源配置中起决定性作用和更好发挥政府作用；第一次提出认识适应引领经济发展新常态，推进供给侧结构性改革……如此多的"第一次"，让世界看到了中国在改革开放进程中不断突破自我的政治勇气、不断直面挑战的坚定决心。这些新理念新思想新战略都闪烁着创新思维的光辉，体现了习近平同志将改革创新贯穿于经济社会发展各个领域各个环节的要求。

1. 把创新作为引领发展的第一动力

十八届五中全会提出了新的发展理念，即创新、协调、绿色、开放、共享五大发展理念。在新的发展理念中，创新是引领发展的第一动力；协调是持续健康发展的内在要求；绿色是永续发展的必要条件和人民对美好生活追求的重要体现；开放是国家繁荣发展的必由之路；共享是中国特色社会主义的本质要求。这"五大发展理念"是"十三五"乃至更长时期我国发展思路、发展方向、发展着力点的集中体现，也是改革开放 30 多年来我国发展经验的集中体现，反映出我们党对我国发展规律的新认识。坚持五大发展理念，既是实现全面建成小康社会的路线图，也是关系我国发展全局的一场深刻变革。

新的发展理念是理论创新的成果、是运用创新思维的范本，彰显习近平同志的创新思维。不仅把创新放在首位，而且其他四大发展理念都体现创新、贯通创新精神。比如，协调发展理念以改革创新为基本原则，作出打造区域协调发展新格局、推进新型城镇化、创新公共文化服务方式、培育新型文化业态等诸多科学安排；绿色发展理念代表时代发展新潮流，意味着思维方式、价值取向、生活方式的全面变革和刷新；开放发展理念着眼于开创对外开放新局面，内在要求形成对外开放新体制、打造全面开放新格局；共享发展理念致力于满足人民的新需求新期待，包含着一系列促进基本公共服务全域覆盖、逐步均衡的新探索和新要求。创新思维犹如一条红线，贯穿于五大发展理念中，使之相互贯通、相辅相成，使五大发展理念成为我们时代发展的旗帜，必将指引我国实现更高质量、更有效率、更加公平、更可持续的发展。

抓住了创新，就抓住了牵动经济社会发展全局的"牛鼻子"。党的十八大以来，以习近平同志为核心的党中央把创新发展提高到事关国家和民族前途命运的高度，对实施创新驱动发展战略作出了一系列重大决策部署，引领创新成为时代最强音。2006 年 1 月召开的全国科学技术大会提出，"经过十几年的努力，到 2020 年我国要进入创新型国家行列"。《国家中长期科学和技术发展规划纲要（2006—2020年）》进一步提出，到 2020 年，我国科学技术发展要实现三个显著增强的总体目标，一是自主创新能力显著增强，二是科技促进经济社会发展和保障国家安全的能力显著增强，三是基础科学和前沿技术研究综合实力显著增强。同时提出，到 2020 年，全社会研究开发投入占 GDP 的比重由当时的 1.35% 提高到届时的 2.5% 以上，科技进步贡献率由当时的 39% 提高到届时的 60% 以上，对外技术依存度由当时的 50% 以上降低到届时的 30% 以下，本国人发明专利年度授权量和国际科学论文被引用数均进入世界前 5 位。贯彻实施《纲要》10 年，2016 年中国科技进步贡献率上升到 56.2%，新兴产业蓬勃兴起，传统产业加快转型升级，新动能快速成长。把创新摆在国家发展全局的核心位置，这既是对"科技是第一生产力"内涵的进一步升华和深化，同时也超越科技层面，使创新进入了理论、制度、文化等综合层面；创新不仅是对科技领域的明确要求，更是对全党全社会提出的紧迫任务。

2. 以供给侧结构性改革创新引领新常态

随着中国经济进入新阶段，出现了很多新情况和新问题，习近平同志以改革创新的精神展开了创造性思考，与时俱进地提出了经济新常态和供给侧结构性改革等新思路和新战略。2014 年 11 月 9 日，习近平同志在亚太经合组织工商领导人峰会上概括了经济新常态具有几个特点。一是从高速增长转为中高速增长。二是经济结构不断优化升级，第三产业、消费需求逐步成为主体，城乡区域差距逐步缩小，居民收入占比上升，发展成果惠及更广大民众。三是从要素驱动、投资驱动转向创新驱动。这些转变不以人的意志为转移，是我国经济发展阶段性特征的必然反映，而持续、稳定、健康发展的经济新常态不会自行到来，需要供给侧结构性改革引领。2015 年 11 月 10 日，习近平在中央财经领导小组第十一次会议上强调："在适度扩大总需求的同时，着力加强供给侧结构性改革，着力提高供给体系质量和效率，增强经济持续增长动力，推动我国社会生产力水平实现整体跃升。"2015 年 12 月 18 日至 21 日，中央经济工作会议指出："推进供给侧结构性改革，是适应和引领经济发展新常态的重大创新。"新常态是一个速度换挡、结构调整、动力转换、提质增效的长期发展过程，面对这样一个新阶段、新过程、新趋势，过去一味靠增加投资来改善总需求的路子已走不通了，唯有通过创新，转换思维方式，提高生产要素的供给和有效利用，方为解决之道。以习近平同志为核心的新一届领导集体面对经济发展新常态的机遇和挑战，解放思想，打破思维惯性，从以注重需求侧改革的传统思路中解放出来，创造性地提出了供给侧改革，即从提高供给质量出发，用改革的办法推进结构调整，矫正要素配置扭曲，扩大有效供给，提高供给结构对需求变化的适应性和灵活性，提高全要素生产率，更好地满足广大人民群众的需要，促进经济社会持续健康发展。

在新常态下，供给侧结构性改革是问题倒逼，是中国无法回避、必须进行的一场转变。经济增速已从过去30多年的年均增长9.8%下滑至2015年的增长6.9%，下滑趋势尚未止住，底部尚未探明。如何使经济平稳探底，并稳定在持续的中高速增长态势上，还需要通过供给侧结构性改革培育新增长点来实现。摆脱粗放增长模式形成集约发展方式，通过提高全要素生产率来实现高质量高效益的经济增长也需要通过供给侧结构性改革来实现。通过去产能、去库存、去杠杆等调整存量和通过培育新产业、新业态、新技术、新品牌等途径优化增量，从而达到经济结构调整的目标，正是供给侧结构性改革的要义。过去的经济增长主要是依靠需求侧投资、消费和出口"三驾马车"来驱动，今后的经济增长必须转向供给侧的"三大发动机"——制度变革、结构优化和要素升级，或改革、转型、创新来驱动。而供给侧结构性改革正是制度变革中的"精准改革"，结构优化和要素升级也依赖于供给侧结构性改革。在"一带一路"的战略大背景下，推进供给侧结构性改革，还有一个重要的方面就是走出去。供给侧结构性改革显然不仅仅是拘泥于提升国内市场的供给水平，还包括了对国际需求的供给水平的提高。"一带一路"的战略大背景下的走出去，其主体应当不是钢筋水泥等能耗高、污染大的产业，而是高铁、无人机、通信卫星、全球能源互联网等这些与中国的大国地位相适应的高新尖产业。这些高新尖产业能够带来丰厚的回报和广泛的就业机会，用这些产业实现走出去目标，正是供给侧结构性改革的战略组成部分。可以预见，着力推进供给侧结构性改革将成为当前和今后一个时期经济发展的发力点。

正如习近平同志所说："坚持创新发展，必须把创新摆在国家发展全局的核心位置……让创新贯穿党和国家一切工作，让创新在全社会蔚然成风。"关于改革创新的重要性和方法论，习近平同志强调"实

践发展永无止境……解放思想永无止境，改革开放也永无止境，改革
开放只有进行时，没有完成时……必须以更大的政治勇气和智慧，不
失时机深化重要领域改革"；强调"摸着石头过河，是富有中国特色、
符合中国国情的改革方法……要继续鼓励大胆试验、大胆突破，不断
把改革开放引向深入"；强调"一定要有自我革新的勇气和胸怀，跳
出条条框框的限制，克服部门利益掣肘，以积极主动的态度研究和提
出改革举措"等等。

3."双创"推动全民创新

习近平同志曾经指出，"创新是社会进步的灵魂，创业是推动经
济社会发展、改善民生的重要途径"。当前，在中国全面开展的"双
创"活动，就是对习近平同志讲话精神的最好诠释。

所谓"双创"，即大众创业、万众创新。推进大众创业、万众创
新，不仅是发展的动力之源，也是富民之道、公平之计、强国之策，
对推动经济结构调整、打造发展新引擎、增强发展新动力、走创新驱
动发展道路具有重要意义，是稳增长、扩就业、激发亿万群众智慧和
创造力，促进社会纵向流动、公平正义的重大举措。建设中国特色社
会主义是亿万人民的事业，人民群众的创新实践和创新成果是推动事
业发展、社会前进的强大动力。只有充分尊重人民群众的主体地位，
充分尊重人民群众的首创精神，只有紧紧地相信和依靠群众，把群众
的积极性、主动性和创造性充分调动起来，把群众的智慧和力量凝聚
起来，才能获得不尽的力量源泉，破解改革的和发展的难题，开创现
代化建设的新局面。

党中央、国务院高度重视创业创新工作。2016年3月，国务院
办公厅印发《关于发展众创空间推进大众创新创业的指导意见》；6月，

国务院出台《关于大力推进大众创业万众创新若干政策措施的意见》；
9月，国务院出台《关于加快构建大众创业万众创新支撑平台的指导
意见》，从"顶层"对"双创"工作进行制度设计和政策规范。2017
年的全国两会，"大众创业、万众创新"不仅再次被写入政府工作报
告，同时被纳入"十三五"规划纲要。"双创"工作更是进入了发展
的快车道。在这场活动中，各级党委、政府开动脑筋，善于发现新思
想，大胆鼓励新方法，坚决扶持新事物，为万众创新摇旗呐喊、鸣锣
开道，形成全党、全社会重视和支持创新的环境和氛围，"双创"有
效激发了社会的创造活力。特别是在"互联网+"这个层面下，各种
孵化器，各种创新基地，发展非常迅猛，从而形成了一个庞大的支撑
平台。

4. 加快建设创新型国家

党的十九大报告强调，创新是引领发展的第一动力，是建设现代
化经济体系的战略支撑。要瞄准世界科技前沿，强化基础研究，实
现前瞻性基础研究、引领性原创成果重大突破。加强应用基础研究，
拓展实施国家重大科技项目，突出关键共性技术、前沿引领技术、
现代工程技术、颠覆性技术创新，为建设科技强国、质量强国、航
天强国、网络强国、交通强国、数字中国、智慧社会提供有力支撑。
加强国家创新体系建设，强化战略科技力量。深化科技体制改革，
建立以企业为主体、市场为导向、产学研深度融合的技术创新体系，
加强对中小企业创新的支持，促进科技成果转化。倡导创新文化，
强化知识产权创造、保护、运用。培养造就一大批具有国际水平的
战略科技人才、科技领军人才、青年科技人才和高水平创新团队。

第六章
治国理政之底线思维

党的十八大以来，习近平同志多次强调底线思维的重要性，指出要善于运用底线思维方法，不回避矛盾，不掩盖问题，凡事从坏处准备，努力争取最好的结果，做到有备无患、遇事不慌，牢牢把握主动权，要求领导干部把底线思维贯穿于各项工作中，提高底线思维能力。习近平同志关于底线思维的重要论述，揭示了事物发展的基本规律，抓住了推进工作的要害，阐明了坚持底线思维的含义和途径，对于领导干部准确判断工作中的风险和挑战，辩证处理改革发展稳定的矛盾和问题，具有重要指导意义。

一、底线思维对领导干部至关重要

底线，就是不可逾越的界限，是事物发生质变的临界点。一旦突破这个界限，就会产生不可估量的危害、导致难以承受的后果。底线思维，就是以底线为基本导向，调控事物朝着预定目标发展的一种思维方法和艺术，是马克思主义唯物辩证法中主观能动性与客观规律性关系、质变与量变原理的重要体现，是"有守"和"有为"的有机结合。底线思维是一种战略思维、忧患思维、主体责任思维，既是一种思维方式，也是一种思维能力、思维艺术。对领导干部而言，能否坚持把底线思维运用于实践中，既是领导和推动各项工作的内在要求，也是检验领导素质和能力的重要标尺，甚至可以说是检验领导干部合格不合格的重要考量。

1. 坚持底线思维是党的优良传统题中所要

翻开中国共产党的奋斗历程，我们清晰地看到，坚持底线思维是共产党人始终坚持的重要思维方法、工作方法和领导方法。毛泽东在党的七大上强调要"准备吃亏"，在看到"光明"的同时"更要准备困难"，他一口气列举了可能出现的"十七条困难"，并以"万里长征第一步"、"进京赶考"来告诫全党要谦虚谨慎、戒骄戒躁，强调"要在最坏的可能性上建立我们的政策"。邓小平多次强调，"我们要把工作的基点放在出现较大的风险上，准备好对策。这样，即使出现了大的风险，天也不会塌下来"。江泽民也曾指出，"有备才能无患。要充分估计各种可能遇到的困难和风险，对各种可能性都应该预作考虑、预为准备"。胡锦涛明确指出，"在国际竞争日趋激烈、国内改革发展稳定、任务艰巨繁重的情况下，我们必须增强忧患意识，做到居安思危，既要认清机遇、抓住机遇、用好机遇，又要正视挑战、迎接挑战、战胜挑战"。习近平同志一再强调要坚持底线思维，正是对党的领袖关于底线思维重要论述和党的优良传统的继承和弘扬。领导干部应当认真学习领会，保持清醒头脑，增强忧患意识，坚持居安思危，自觉把底线思维运用到工作实践的各个方面。

2. 坚持底线思维是领导干部的职责所在

守住底线说白了就是不能出问题，一切工作都要在这个前提下进行。领导干部位高权重责任大，领导工作千头万绪。经济、社会、文化、生态文明、党的建设，每一个方面都很复杂；改革、发展、稳定，每一项任务都非常繁重。这些工作都是有底线的，都不能出半点问题，一旦底线被破了，就会给党、国家、人民的事业带来重大损失。因为突破了底线就意味着满盘皆输，干再多的事情也等于零，甚至是负数。因此，领导干部部署和推动任何工作，都要秉持谨慎小心、兢兢业业的态度，想清楚底线在哪里、风险有多大，坚持防患于未然，预先估计事情可能的发展前景，预先看到事情发展可能遇到的困难，预先防止可能发生的最坏情况，预先为攻坚克难、化险为夷、争取最好的结果做好充分准备。"只要有百分之一的可能，就要做百分之百的准备"，"以'一万'的努力严防'万一'的发生"。否则，作出的决策就有可能出现失误甚至重大错误，造成不可挽回、无法弥补的损失。

3. 坚持底线思维是当前面临的发展形势所需

当前，世界局势风云变幻，全球经济复苏依然乏力，国际力量格局变化、国际秩序调整和国际体系变革给我国发展带来了新的风险和挑战。我国经济社会发展正处于"三期叠加"阶段，面临的形势复杂多变，显性矛盾和隐性矛盾并存、原有问题和新生问题交织，个别领域的个别问题直接影响到民生福祉、社会稳定和可持续发展。这些矛盾和问题如果处理不好，就有可能陷入"中等收入陷阱"。只有强化底线思维，牢记习近平同志确定的"稳中求进"总基调，运用底线思维界定和防范风险，认清困难、明确底线，才能牢牢把握发展主动权。只有把困难和挑战估计得充分一些，把应对各种复杂局面、意外情况的预案做得周密一些，积极寻求规避系统性风险、化解复杂矛盾、谋求创新发展的路径和方法，千方百计"托底""守底""保底"，才能有备无患、遇事不慌、临危不乱，在推动经济社会发展的征途上少走"弯路"、不"跌跤"，确保在风险可控范围内实现发展目标。如果忘记了底线，失去警觉，等到出了问题惊慌失措、乱了阵脚，那就会造成严重后果和很不好的影响。

4. 坚持底线思维是干部队伍的现状所指

领导干部的天职就是为地方的发展谋利而不是添乱，为老百姓的福祉谋利而不是添害。坚持底线思维、守好底线关口、确保没有突破底线的事情发生，是领导干部的党性所在、官德所在、良心所在。然而，近些年来，有一些领导干部由于没有掌握唯物辩证法、缺乏底线思维、缺乏预见性，常常给工作带来被动，甚至造成无法挽回的损失，付出沉重代价。比如，有的同志看事情只看一面、看发展只看表面，看不到背后的问题和隐忧，盲目乐观；有的目光短浅，只顾当前、不顾长远，习惯于走一步看一步、"明日愁来明日愁"；有的对问题认识不清、对困难估计不足、对风险评估不够，粗枝大叶、心存侥幸，"临时抱佛脚"，事到临头仓促应战、乱了手脚；有的"情况不明决心大、心中无数点子多"，凡事拍脑袋决策、拍胸脯蛮干，出了事就想拍屁股走人；还有的脑中根本没有"底线"这个概念，急功近利，不计后果，奉行的是"只要现在没事，我离任后管不了那么多"，给当地发展留下"后遗症"，给下届班子留下"烂摊子"。虽然这些问题是少数的、个别的，但是，我们绝不能忽视这些问题的客观现实性、严重危害性，必须进一步强化底线意识，提高底线思维能力，掌握底线工作方法，既确保干部队伍整体向好，又要铲除个别不良现象，为党和人民创造实实在在的业绩。

二、坚持用底线思维谋划工作推动发展

善于用底线思维谋划工作推动发展，是习近平同志治国理政的一个鲜明特点，它贯穿于习近平新时代中国特色社会主义思想之中，体现在经济、政治、文化、社会、生态文明和党的建设等各个方面。各级领导干部都要深刻掌握这一科学的方法论，以全局视野前瞻风险、守住底线，真正做到从坏处准备，向好处努力，争取最好结果。

1. 精准地找到底线

坚持底线思维，用好底线思维，找准底线是前提。作为领导干部，抓一项工作，首先要搞清楚底线在哪里、风险在哪里，哪些事情可以做、哪些事情绝对不能做，哪些问题是正常的、哪些问题绝对不能出，最坏的情况是什么、最好的结果是什么。只有这样，才能从容应对，掌握主动。在这方面，习近平同志树立了榜样。他在改革发展稳定、内政外交国防、治党治国治军等各方面阐述了一系列重要问题的基本底线，体现出他对事关党和国家重大问题的深刻认识和准确把握，彰显出他面对国际国内复杂形势和诸多挑战时的非凡战略定力和卓越政治智慧。比如，在谈到政治大局时他深刻指出，治大国如烹小鲜，"中国是一个大国，决不能在根本性问题上出现颠覆性错误，一旦出现就无法挽回、无法弥补。"这就要求我们未雨绸缪、加强研判，

在保持大局稳定的前提下稳中求进、开拓创新。比如，在谈到全面深化改革时他郑重指出："改革是社会主义制度自我完善和发展，怎么改、改什么，有我们的政治原则和底线，要有政治定力。""对于那些不能改的，再过多久也不能改。"这就告诉我们无论遇到什么样的风险和挑战，都要始终坚持走中国特色社会主义道路，即不走封闭僵化的老路，更不走改旗易帜的邪路。比如，在谈到民生工作时他一再强调，要按照"守住底线、突出重点、完善制度、引导舆论"的思路做好工作，尤其要守住"保障低收入群众的基本生活"这一底线。这就要求我们扎实做好保障和改善民生的各项工作，多谋民生之利，多解民生之忧，让人民群众更多更公平地共享改革发展成果。比如，在谈到外交工作时他掷地有声地指出，"任何外国不要指望我们会拿自己的核心利益做交易，不要指望我们会吞下损害我国主权、安全、发展利益的苦果"。这就要求我们始终坚持独立自主的和平外交政策，在和平共处五项原则的基础上同所有国家发展友好合作，但绝不放弃我们的正当权益。

如何找准底线？既要有分析、研判复杂形势的能力，也要有实事求是、求真务实的作风。只有做大量调查研究，把真实情况搞准，经过思考、分析、综合，才能对形势作出精准判断，找到必须坚守的底线。这要下一番苦功夫、硬功夫、实功夫才行，草率地说什么是底线、什么不是底线，都是不负责任的。现实中，一些领导干部之所以会做出突破底线的事，并非有意而为之，而是不知道底线在哪里、边界在哪里。要么是能力不足，对形势把握不准，对问题认识不清，对风险评估不够，没有处理好亮点、成绩与安全阀、保险杠的关系；要么是作风不实，官僚主义严重，不深入基层和群众，不了解实际情况，不尊重客观规律，凭主观臆断作决策、瞎指挥。比如，海南作为欠发达省份，要解决目前存在的经济基础薄弱、投资结构和产业结构不合理，区域之间、城乡之间发展不平衡，市场发育不充分，物价水平较高、城乡居民收入较低等问题，保持合理的经济增长率、夯实建设美好新海南的经济基础意义重大。为此，省第七次党代会提出，到2020年地区生产总值、城乡居民人均收入比2010年翻一番以上，三次产业结构调整比重趋近20∶20∶60，全省47.4万农村贫困人口全部脱贫。这些指标都是具体的、实实在在的，都是在深入调研分析的基础上划出来的线线、杠杠。海南不能"硬发展"，但发展是硬道理，建设美好新海南，经济繁荣是首要目标，必须保持高于全国平均水平的经济增长率，必须守住这些经济发展的"底线"。再如，经济发展不可"任性"，生态保护更要有"底线"。习近平同志在2013年4月视察海南时强调，"青山绿水、碧海蓝天是海南建设国际旅游岛最强的优势和最大的本钱，是一笔既买不来也借不到的宝贵财富"、必须"倍加珍爱、精心呵护"。海南作为全国人民的后花园，得天独厚的生态环境不仅是海南人民的财富，也是全国人民的财富。领导干部要深刻理解习近平同志的重要指示精神，深刻领会坚持生态立省战略、筑牢生态底线的极端重要性，科学划出生态环境保护的底线，绝不能以牺牲绿水青山为代价换取经济的一时发展。

2. 坚决守住底线

找准底线很重要，但更为关键、更加重要的是守住底线。事实上，底线意识、底线思维所强调的关键就是守住底线，守住底线是基础。比如，近年来我国食品安全问题频发，从苏丹红到三聚氰胺，从抗生素滥用到瘦肉精，从毒大米到毒香蕉，"问题食品"之多、涉及范围之广、造成后果之重，令人忧心忡忡，为此习近平同志特别强调要严把食品质量安全这条底线，确保广大人民群众"舌尖上的安全"。去年海南省委省政府开展禁毒三年大会战，就是要摘掉在册吸毒人口占总人口比例全国靠前这顶不光彩的"帽子"，这就是要守住的底线。此外，海南农垦改革提出"双增"（企业增效、职工增收），就是改革的底线，任何改革措施都要围绕守住这条底线来施行，效果如何也要用这条底线来检验，如果"双增"没有实现，那就是破了底线，改革就不能说是成功的。

党的十九大报告多次强调底线问题。比如，要健全金融监管体系，守住不发生系统性金融风险的底线。又如，要完成生态保护红线、永久基本农田、城镇开发边界三条控制线划定工作。再如，中国绝不会以牺牲别国利益为代价来发展自己，也绝不放弃自己的正当权益，任何人不要幻想让中国吞下损害自身利益的苦果。

守住底线的关键是要舍得放弃短期利益、局部利益、不可持续利益，以此换取长期的、全局的、可持续的利益。比如，当要上的项目可能会造成环境污染或者超出当地环境承载能力时，就要敢于宁要绿水青山、不要金山银山，才能守住生态底线。比如，当一些决策可能会引发群众情绪、激化矛盾纠纷的时候，宁可摆一摆、缓一缓，等耐心做通群众思想工作再上项目，才能守住和谐、稳定的底线。比如，到 2020 年要全面建成小康社会，从资源配置效率来说，肯定是往发达地区配置更高效、创造的财富更多，但为了如期实现这一目标，必须加大统筹城乡发展、统筹区域发展力度，加大对欠发达地区和农村的扶持力度，坚持把更多的资源往贫困地区配置，大力开展精准识贫、精准扶贫、精准脱贫，坚决打赢脱贫攻坚战，才能守住"不让任何一个人掉队"的底线。比如，保障和改善民生要抓住人民最关心最直接最现实的利益问题，既尽力而为，又量力而行，一件事情接着一件事情办，一年接着一年干。坚持人人尽责、人人享有，坚守底线、突出重点、完善制度、引导预期，完善公共服务体系，保障群众基本生活，不断满足人民日益增长的美好生活需要，不断促进社会公平正义，形成有效的社会治理、良好的社会秩序，使人民获得感、幸福感、安全感更加充实、更有保障、更可持续。比如，要按照兜底线、织密网、建机制的要求，全面建成覆盖全民、城乡统筹、权责清晰、保障适度、可持续的多层次社会保障体系。总之，领导干部要正确处理好取和舍的关系、短期和长期的关系、局部和全局的关系，才能真正守住、守牢经济增长、民生保障、生态环保等方面的重大底线，实现科学发展。为此，领导干部一定要不断提高运用底线思维的自觉，强化风险意识，做到立足全局、辩证认识，预判为先、未雨绸缪；要加强对改革发展稳定重大问题的调研，尽可能多听一听基层和一线的声音，尽可能多接触第一手材料，做到重要情况心中有数；要统筹考虑战略、战役、战斗层面的问题，既抓住重点也抓好面上，既抓好当前也抓好长远，做好政策统筹、方案统筹、力量统筹、进度统筹工作，牢牢守住全面协调可持续发展的底线。

3. 要奋力追求高线

习近平同志强调："要坚持高标准和守底线相统一。"这是要求我们在工作中坚决守住底线的同时，积极追求高标准、高质量，坚持从底线出发，从底处发力，奋发作为，不断追求高线。实际上，底线思维不是无所作为的消极被动思维，而是奋发向上的积极主动思维，也可以称之为积极防御性思维，通过主动的底线界定和风险把控，底线发力，弹好钢琴，步步为营，争取实现最好的结果。守底线不是守摊子、看地盘，而是立足底线、追求高线；不是遇到问题绕道走，而是强调工作有预案，遇到险情有准备；不是降低标准、放弃进取，而是对危机和风险因素进行管控，进而补短板、过险滩。毛泽东同志曾对积极防御作过精辟阐述，"消极防御，又叫攻势防御，又叫决战防御。消极防御，又叫专守防御，又叫单纯防御。消极防御实际上是假防御，只有积极防御才是真防御，才是为了反攻和进攻的防御。"事实告诉我们，底线和高线是一对辩证关系，构成一个工作运行的合理区间，守住底线只是最低要求，只是把危险和危机控制在可以掌控的范围内，更重要的是推动矛盾向其对立面转化，千方百计向好处努力，向高线进军，达到最好的结果。正所谓，"欲得其中，必求其上；欲得其上，必求上上"。

比如，在处理发展和保护关系时，不仅要守住绿水青山，更要把绿水青山变成金山银山，让群众从保护生态中得到看得见、摸得着的实惠，实现守底线与追高线的统一。

三、领导干部特别要守住为官从政的底线

领导干部坚持底线思维，不仅必须牢牢守住为官从政的底线，使自己的行为始终在党纪国法的边界之内，更要从底线出发，不断加强党性锻炼和官德修养，努力使自己内心的操守、思考问题的方式、为人处世的态度、履行公职的行为与各种党纪法规完全一致、融为一体，真正达到"从心所欲不逾矩"的境界。

1. 坚守政治底线

政治底线，也就是对党要绝对忠诚。忠诚是百德之首，诸葛亮的

《兵要》中说："人之忠也，犹鱼之有渊。鱼失水则死，人失忠则凶。"作为领导干部，政治底线是最重要的底线，政治合格是最重要的合格。事实反复证明，很多领导干部特别是高级领导干部出问题往往是在政治上先出问题，这些人只把对党忠诚挂在口头上，没有落实到行动中，更有甚者"端共产党的碗，砸共产党的锅"。比如，十八大以来查处的周永康、薄熙来、徐才厚、郭伯雄、令计划等人，就是政治野心膨胀，大搞阳奉阴违、结党营私等政治阴谋活动，直接挑战党中央权威；周本顺、王珉、吕锡文、黄兴国等人，也存在欺骗中央、妄议中央、抵触中央等政治问题，归根结底就是没有严守党的政治纪律和政治规矩，失去了对党的绝对忠诚，政治底线破了，因而由身居高位走向身败名裂。习近平同志明确指出，"遵守党的政治纪律是遵守党的全部纪律的重要基础"，"在政治问题上，任何人同样不能越过红线，越过了就要严肃追究其政治责任。有些事情在政治上是绝对不能做的，做了就要付出代价，谁都不能拿政治纪律和政治规矩当儿戏"。作为领导干部，一定要以这些反面典型为鉴、为戒，无论在任何时候、任何情况下，都要把讲政治摆在首位，始终不忘自己的第一身份是党员，做到对党和组织忠心耿耿、毫无保留。要始终牢记政治信仰和政治纲领，坚定政治方向和政治立场，砥砺政治品格和政治能力，严守政治纪律和政治规矩，增强政治定力和政治勇气，提高政治鉴别力和政治敏锐性，在大是大非问题面前保持清醒头脑，坚决做政治上的明白人、做讲政治的践行者。党的十八届六中全会明确习近平同志的核心地位，这是全党的郑重选择。党的十九大报告强调，旗帜鲜明讲政治是我们党作为马克思主义政党的根本要求。党的政治建设是党的根本性建设，决定党的建设方向和效果。保证全党服从中央，坚持党中央权威和集中统一领导，是党的政治建设的首要任务。全党要坚定执行党的政治路线，严格遵守政治纪律和政治规矩，在政治立场、政治方向、政治原则、政治道路上同党中央保持高度一致。领导干部必须以高度的思想自觉、政治自觉和行动自觉，牢固树立政治意识、大局意识、核心意识、看齐意识，坚决维护以习近平同志为核心的党中央权威，自觉向党中央看齐，向习近平同志看齐，做到思想上认同核心、政治上维护核心、情感上信赖核心、组织上服从核心、行动上对标核心。

2. 坚守法律底线

法律是全体公民行为的底线，更是领导干部必须带头坚守的底线。"治国者先受制于法。"习近平同志强调："领导干部要牢记法律红线不可逾越、法律底线不可触碰。"然而，受到我国几千年来封建社会"人治"、"官本位"等思想的影响，一些领导干部法律意识还比较淡漠，不学法、不知法、不懂法、不守法，屡屡触碰法治底线。有的唯上不唯法，凡事以领导说了算，信奉"黑头（法律）不如红头（文件），红头不如笔头（批示），笔头不如口头（命令）"；有的长官意志严重，以言代法、以权压法，凡事自己说了算，脑子里没有法律这根弦；有的认为依法办事条条框框多、束缚手脚，只要能办成事，什么办法都可以用。近年来媒体曝出的"谁耽误我县发展一阵子，就让他难受一辈子"、"我就是政府，我就是法"、"没有强拆就没有新中国"等官员雷语，反映的也是不懂法、不守法。中组部干部监督局在分析多名违法犯罪领导干部的反省材料后发现，81.4%的人认为自己犯罪与不懂法、突破了法律底线有关。因此，领导干部坚守法律底线，既是确保自己健康成长、干成事不出事的安全带和保险绳，也是确保一个单位、一个地方持续健康发展，确保依法治国顺利推进的关键所在。党的十九大报告强调，各级党组织和全体党员要带头尊法学法守法用法，任何组织和个人都不得有超越宪法法律的特权，绝不允许以言代法、以权压法、逐利违法、徇私枉法。因而，领导干部要做尊法学法守法用法的模范，系统学习中国特色社会主义法治理论，自觉学习宪法、法律和相关法规，心中高悬法律的明镜，手中紧握法律的戒尺，准确把握法律的红线和底线在哪里，弄明白法律规定怎么用权，什么事能干、什么事不能干。要尊崇法治、捍卫法治、厉行法治，增强运用法治思维和法治方式思考解决问题的能力水平，摒弃人治思想和长官意志，切实做到办事依法、遇事找法、解决问题用法、化解矛盾靠法，当好全面推进依法治国的重要组织者、推动者和实践者，引领全社会形成浓厚的法治氛围。

3. 坚守纪律底线

党的十九大报告强调，要加强纪律教育，强化纪律执行，让党员、干部知敬畏、存戒惧、守底线，习惯在受监督和约束的环境中工作生活。纪律底线，也就是要讲规矩、守纪律。"万物莫不有规矩"，韩非子说过："规矩既设，三隅乃列。"孟子云："圣人既竭目力焉，继之以规矩准绳，以为方圆平直，不可胜用也。"党的规矩、党的纪律是党组织和党员必须遵守的行为规范，是管党治党的戒尺。党的先进性和执政地位决定了党纪严于国法，必须把纪律挺在前面，在法律底线之前架起带电的纪律"高压线"。"加强纪律性，革命无不胜"，纪律严明是党的优良传统和政治优势。"使党铁一样地巩固起来"，靠的就是铁的纪律作保证。讲规矩、守纪律，对领导干部来说既是起码要求，也是重要考验。作为领导干部，一定要深刻认识纪律面前人人平等、遵守纪律没有特权、执行纪律没有例外的要求，严格遵守党章及各项规章制度。党章作为党的根本大法，集中体现了党的性质和宗旨、党的理论和路线方针政策、党的重要主张，规定了党的重要制度和体制机制，是全党必须遵循的总规矩。学习党章、遵守党章、贯彻党章、维护党章，是习近平同志对全党提出的要求。各级领导干部要带头参加"两学一做"学习教育，坚持以党章为镜子，对照入党誓词，对照党的宗旨，对照党员义务，对照党的干部基本条件，看看自己离党章的要求还有哪些差距，看看在哪些方面还要做更大的努力。在此基础上，还要带头学习吃透、贯彻落实《中国共产党廉洁自律准则》《关于新形势下党内政治生活的若干准则》《中国共产党纪律处分条例》《中国共产党党内监督条例》等党纪党规，严明党的纪律戒尺，严肃党内政治生活，自觉接受党和人民的监督，认真履行从严治党主体责任，进一步加强党的纪律修养，真正规规矩矩做人，规规矩矩做事，做心中有党、心中有民、心中有责、心中有戒的领导干部。

4. 坚守廉洁底线

党的十九大报告强调，夺取反腐败斗争压倒性胜利。人民群众最痛恨腐败现象，腐败是我们党面临的最大威胁。只有以反腐败永远在路上的坚韧和执着，深化标本兼治，保证干部清正、政府清廉、政治清明，才能跳出历史周期率，确保党和国家长治久安。当前，反腐败斗争形势依然严峻复杂，巩固压倒性态势、夺取压倒性胜利的决心必须坚如磐石。

廉洁底线，也就是要干干净净、清清白白。清代曾国藩的家训"八本"中有一条就是居官以不要钱为本。习近平同志反复强调，当官发财两条道，当官就不要发财，发财就不要当官。领导干部作为人民的公仆，其权力是党和人民赋予的，只能用来全心全意为人民服务。公仆不是老板，领导工作不能以发财为目的。党的性质和宗旨决定了领导干部必须坚持情为民所系、权为民所用、利为民所谋，应当追求两袖清风、一身正气，必须把耐得住清贫、经得住诱惑、管得住小节、守得住本色作为始终不忘的"初心"，必须把廉洁自律、为官清廉、不当贪官作为一条不能触及的红线、底线。事实上，金钱并不是万能的，也不是幸福感和成就感的唯一源泉。为官一任，如果能够通过自己的努力干成一些事，推动一个地方的发展，实实在在地让当地百姓受益，在群众中留下良好的口碑，这就是人生价值的最好体现，就是真正的人生赢家；反之，如果把当官作为谋取私利、发财致富的途径，就很容易被别有用心的人"围猎"、拉下水，一旦破了廉洁的底线，那就是百功不抵一过，既毁了自己的事业，也毁了自己的家庭，最终成为人生输家，而且输得一干二净。前面提到的《准则》和《条例》，在这方面划出了清晰的底线和红线，领导干部一定要认真深入地学习《准则》和《条例》，使《准则》和《条例》真正入脑入心，成为自己的行为准绳和行动自觉。既要始终将坚定的理念信念作为廉洁自律的"压舱石"和"定海神针"，解决好世界观、人生观、价值观这个"总开关"问题，又要落细落小落实，解决好小节小事小处的问题，坚持慎初、慎独、慎微，防止"温水煮青蛙"。

第七章
治国理政之法治思维

　　党的十八大以来，以习近平同志为核心的党中央提出了全面依法治国这一重大战略。习近平同志对全面依法治国的重大意义、基本含义、重要原则、基本方法等，都作了深刻的阐述。习近平同志在主持十八届中央政治局第四次集体学习时指出："全面推进科学立法、严格执法、公正司法、全民守法，坚持依法治国、依法执政、依法行政共同推进，坚持法治国家、法治政府、法治社会一体建设，不断开创依法治国新局面。"他还提出："各级领导机关和领导干部要提高运用法治思维和法治方式的能力，努力以法治凝聚改革共识，规范发展行为，促进矛盾化解，保障社会和谐。"这里所说的法治思维，指的是全面依法治国，建设社会主义法治国家的一整套新思想、新理念。显然，推进全面依法治国需要领导干部树立法治思维，领导干部树立法治思维的目的就是要推进全面依法治国，而领导干部树立法治思维本身也是全面依法治国的题中应有之义。

一、为中国特色社会主义编织法律准绳

法治思维，就是在判断是非和处理事务时都要想着以法律为准绳。简言之，就是依法办事的思维。法治思维，要求崇尚法治、尊重法律，并运用法律手段解决问题和推进工作。在现实中，由于任何一部法律的产生，都有着其时代、地域的背景，是与一定时期、一定地域的民俗、人性、人权、民意相关联的，那么，其法律思维则应该以当时当地的法律为准绳。在当前建设中国特色社会主义的背景下，治国理政者，其法治思维，当立足中国特色社会主义这个基点，思考如何用法律判断是非和处理事务。在这个方面，习近平同志的法治思维为各级党政领导干部作了最好的示范，用法治思维勾画了一幅法治中国的蓝图。

1. 走中国特色社会主义法治道路

中国要实行依法治国，建设社会主义法治国家，必须立足于中国国情，从中国的实际出发。我们要从中国古代吸收法治营养，却不能回到过去；我们要向国外借鉴有益的经验，却不能照抄照搬。走中国特色社会主义法治道路，应当把握如下要点：

坚持中国共产党的领导。习近平同志指出："党领导人民制定宪法和法律，党领导人民执行宪法和法律，党自身必须在宪法和法律范围内活动，真正做到党领导立法、保证执法、带头守法。"为了实现党的领导、人民当家作主和依法治国的统一，党要善于使自己的主张通过法定程序成为国家意志，善于使党组织推荐的人选通过法定程序成为国家政权机关的领导人员，善于通过国家政权机关实施党对国家的领导，善于运用民主集中制维护全党全国的团结统一。必须明白，我们所说的依法治国，决不是西方的"宪政"，一些人热衷于"宪政"，是想以此来架空中国共产党的领导，从而取消中国共产党的领导。"党大还是法大"是一个伪命题，它的目的是要把党的领导和法治对立起来、割裂开来，从而达到否定党的领导的目的。一些人热衷于炒作这个问题，其实是醉翁之意不在酒，我们千万不要上他们的当。"权大还是法大"才是一个真命题，因为以言代法、以权压法、权大于法等现象还广为存在。我们应当明白，领导干部的权力，是党和人民赋予的，它上下有界、左右受控，绝不可以随心所欲、为所欲为。

坚持人民主体地位。坚持人民主体地位，就是坚持法治为了人民、依靠人民、造福人民、保护人民。为了人民，就是要体现人民意志，反映人民愿望，满足人民的需求。依靠人民，就是保证人民在党的领导下，依照法律规定管理国家事务、社会事务和经济文化事业。造福人民，就是把增进人民的福祉，提高人民生活水平作为工作的目标。保护人民，就是维护人民的合法权益，调动人民群众积极投身依法治国的伟大实践。一句话，坚持人民的主体地位，就是要支持和保证人民群众在依法治国、建设社会主义法治国家中当家作主。

坚持法律面前人人平等。习近平同志在党的十九大报告中指出："加大全民普法力度，建设社会主义法治文化，树立宪法法律至上、法律面前人人平等的法治理念。各级党组织和全体党员要带头尊法学法守法用法，任何组织和个人都不得有超越宪法法律的特权，绝不允许以言代法、以权压法、逐利违法、徇私枉法。"坚持法律面前人人平等，就是任何组织和个人都必须在宪法和法律的范围内活动，都必须依法行使权力或权利，履行职责和义务，无条件尊重宪法法律的权威，不得有超越宪法法律的特权。法律规范是最高的规范，法律权威是最高的权威。坚持法律面前人人平等，就是任何组织和个人违反宪法法律都要受到追究，不允许任何人有法外特权，不允许任何人以言代法、以权压法、逐利违法、徇私枉法。一个国家、一个地区，如果还有法律管不到的地方，这个国家或地区就还没有实现真正的法治。平等是社会主义法治的基本要求，是社会主义法治的本质属性。

坚持依法治国和以德治国相结合。治理国家和社会必须一手抓法治，一手抓德治，法律是成文的道德，道德是内心的法律。一方面要发挥法律的"他律"作用，用法律规范人们的各种行为，使全社会都在法律的范围内活动。不管是谁，只要触犯了法律，就要承担相应的责任。另一方面要发挥道德的"自律"作用，促使人们自觉地遵守道德规范，与各种违反道德的思想和行为划清界限，不管是谁，只要违反了道德，就会受到舆论的批评和谴责。坚持依法治国和以德治国相结合，是我国走向社会主义现代化的必由之路。

2. 建设中国特色社会主义法治体系

建设中国特色社会主义法治体系，包括完善中国特色社会主义法律体系、完善法律实施体系、建立法治监督体系、健全法治保障体系以及完善党内法规体系等。

完善中国特色社会主义法律体系。宪法的生命力在于实施，维护宪法就是维护党和人民的利益，捍卫宪法就是捍卫党和人民的利益，实施宪法就是执行党和人民的意志。要加快完善法律规范体系，完善法律、行政法规、地方性法规体系，完善市民公约、乡规民约、行业规章、团体章程等社会规范体系，为全面依法治国提供基本遵循。要完善立法体制，提高立法质量，包括健全有立法权的人大主导立法工作的体制机制，发挥人大及其常委会在立法工作中的主导作用，立法程序应当更加完善，法律法规的及时性、系统性、针对性、有效性、可执行性、可操作性都应当增强。要进一步明确立法权限，从体制机制上防止部门利益和地方保护主义法律化，立法工作应当及时反映人民群众的迫切要求，反映国家发展的重大期待。

完善法律实施体系。全面依法治国首先是坚持依宪治国、依宪执政，坚决纠正一切违反宪法的行为。习近平同志在党的十九大报告中指出："加强宪法实施和监督，推进合宪性审查工作，维护宪法权威。"应当明白，我们所说的依宪治国、依宪执政，不同于西方的所谓"宪政"，绝不能以"宪政"之名，来架空中国共产党的领导。中国共产党的领导地位、人民民主专政的国体和人民代表大会的政体，是我国宪法所确定的，是绝对不能动摇的。要加快建设执法、司法、守法等方面的体制机制，保证政府严格执法、司法机关公正司法、人民群众自觉守法，增强全民的法治观念，增强各级领导干部用法治思维和法治方式解决问题的能力。

建立法治监督体系。习近平同志指出："没有监督的权力必然导致腐败，这是一条铁律。"古往今来的无数事实证明，没有监督的权力必然腐败，绝对的权力导致绝对的腐败，这是一条不以人们的意志为转移的客观规律，因此，全面依法治国要落到实处，必须有严密的监督体系。监督体系贵在严密，要形成党内监督、人大监督、民主监督、行政监督、司法监督、审计监督、社会监督和舆论监督等共同构成的合力，切实做到有权必有责、用权受监督，违法必追究。

健全法治保障体系。健全法治保障体系，是建设中国特色社会主义法治体系的重要组成部分，实践证明，没有法治保障体系，就没有完整的法治体系。全面依法治国要有可靠的政治保障和组织保障，要加强和改进党对全面依法治国的领导，坚持依法执政，不断提高依法执政的能力和水平。全面依法治国要有可靠的人才和物质保障，要加强法治专门队伍建设，加强法律服务队伍建设，加强有关机构的建设，保证经费和物质条件。全面依法治国要有可靠的制度保障，一切不符合法治规律，不利于依法治国和建设社会主义法治国家的体制机制，都应当加以改革。全面依法治国还应有全民观念的提升，要增强全民的法治观念，弘扬社会主义法治精神，使尊法守法成为全体公民的自觉行动。

完善党内法规体系。中国共产党是长期执政的党，这就决定了党内法规既是管党治党的基本遵循，也是全面依法治国的重要保证，没有执政党思想和行为的严格规范，就不会有社会主义法治国家。要完善党内法规体系，就要为党的政治建设、思想建设、组织建设、作风建设、纪律建设、制度建设和反腐败斗争提供全面的原则和规范，从立法、执法到监督等各个环节提供系统的遵循，构建以党章为根本，以其他党内法规为支撑的完整的党内法规制度体系。党内法规不应当违反宪法的规定，不应当违反法律的规定，而应当与国家法律相互衔接相互协调。

3. 坚守社会主义法治的生命线

公平正义是中国特色社会主义的内在要求，是我们党追求的重要价值目标，是社会主义法治的生命线。因此，坚守公平正义是全面依法治国、建设社会主义法治国家的本质要求。

改革司法体制机制。习近平同志指出："努力让人民群众在每一个司法案件中都能感受到公平正义，决不能让不公正的审判伤害人民群众感情、损害人民群众权益。"司法是公平正义的最后一道防线，其任务是使受到侵害的权利得到保护和救济，使违法犯罪受到追究和惩罚，从而维护经济和社会生活的正常秩序。如果这最后一道防线被破坏了，人民群众面对的或者是求告无门、或者是官官相卫、或者是权钱交易、或者是冤假错案，那么，建设社会主义法治国家就成了一句空话。推进司法公正，最重要的是解决深层次的体制机制问题，改革那些不合理的制度弊端，消除那些不合理的机制障碍。改革要达到的目的，是确保审判权检察权能够依法独立公正行使，健全司法权力运行机制，完善人权司法保障制度。

坚持司法为民。要坚持司法为民，切实改进司法工作作风，司法工作也要密切联系人民群众，因为这是共产党领导下的司法工作，而共产党的宗旨就是全心全意为人民服务。司法工作要了解群众的疾苦，熟悉群众的诉求。法律不应该是冷冰冰的，司法工作也是做群众工作，不仅要给当事人以正义，而且要解开当事人的"心结"，"心结"没解开，案件也就没有真正了结。要切实解决人民群众打官司难的问题，不能再让人民群众求告无门，不能再让困难群众得不到法律援助。要切实解决一些地方没有律师或律师资源不足的问题，使人民群众能够便利地获得各种必要的法律援助。

以公开促公正树公信。阳光是最好的防腐剂，权力运行越公开，就越有权威，越有公信力，越能坚守公平正义，越能得到人民群众的理解和支持；反之，权力运行越封闭，越暗箱操作，就越会藏污纳垢，越会走向腐败，这是不以人们的意志为转移的客观规律。法律对司法公开有明确规定，即除了涉及国家机密、商业秘密和个人隐私等情形以外，各种信息应予公开，因此，不得以任何理由拒绝公开相关信息，尤其不能向金钱屈服拒绝公开相关信息，不能向权力低头拒绝公开相关信息。要完善司法公开的制度安排，及时有效地公开司法依据、司法程序、判决结果和裁判文书等，使暗箱操作完全失去存在的空间。

二、法治：建设良治中国的最佳方案

法治思维对于治国理政具有极其重要的意义，这可以从如下几个方面来加以理解。

1. 历史经验的深刻总结

新中国成立之初，党积极推进社会主义法制建设，初步奠定了社会主义法治的基础。在这个时期，我们废除了旧的法统，颁布了一系列新的法律，建立了新的司法机关，推动经济和社会发展逐步走向有序，为社会主义法治奠定了一定基础。遗憾的是，在这以后，社会主义法治建设走过了一段弯路，到"文化大革命"时走到了灾难的境地。

党的十一届三中全会以后，党认真总结历史经验，深刻吸取历史教训，把依法治国确定为治理国家的基本方略，把依法执政确立为治国理政的基本方式，积极推动了建设社会主义法治国家的进程。这期间，我们基本上建立起了社会主义法律体系：以宪法和相关组织法为中心，以刑法、民商法、行政法、经济法、社会法、诉讼法和其他程序法为重要部门的各种法律基本建立。包括法律、行政法规、地方性法规、民族自治区域的自治条例和单行条例在内的各个层级的法律法规基本建立。这就使得我国经济、政治、文化、社会和生态文明建设的各个方面，基本做到了有法可依。这期间，我们推进了依法行政：强调"法无授权不可为""法定职权必须为"，推进"放管服"改革，推行"负面清单""权力清单"和"责任清单"，促使政府工作越来越规范地运行在法治的轨道上。这期间，我们推进了公正司法：强调了司法为民，改进司法工作作风，以公开促公正树公信，特别是推进了司法体制机制改革，阻碍司法公正的深层次的体制机制问题已经或正在得到解决。这个期间，我们推进了全民守法：强调了增强社会主义法治观念，树立社会主义法治意识，领导干部要增强运用法治思维和法治方式解决各种问题的能力，全民普法工作具有了前所未有的力度，领导干部的法律知识教育培训更是深入扎实。改革开放近40年来，我们国家的经济和社会发展取得突飞猛进的成绩，与我们国家法治建设的巨大成就密不可分，换言之，法治建设的巨大成就既是改革开放伟大成就的重要组成部分，也是取得改革开放伟大成就的重要条件。

　　正反两个方面的经验告诉我们，坚持依法治国、建设社会主义法治国家是我们的不二选择。我们不仅明白了全面依法治国的必要性和迫切性，而且明白了全面依法治国的可能性和可行性，对全面依法治国的认识上升到了空前的高度。我们认识到，中国特色社会主义法治体系作为一个母系统，包含了五个子系统，包括法律规范体系、法律实施体系、法治监督体系、法治保障体系，以及党内法规体系。完善法律规范体系，就是要完善以宪法为核心，以刑法、民商法、经济法、行政法、社会法、诉讼法以及其他程序法为组成部分的法律规范体系，完善法律、行政法规、地方性法规体系，完善市民公约、乡规民约、行业规章和团体章程等社会规范体系，为全面依法治国提供完整的规范体系。完善法律实施体系，就要在党的领导下，加快建设执法、司法、守法等方面的制度建设，保证政府依法行政、司法机关公正司法、人民群众自觉守法。要大力增强全民的法治观念，增强各级领导干部用法治思维和法治方式解决问题的能力。完善法治监督体系，就要对各种权力进行全面监督，把权力关进制度的笼子。古往今来的无数事实证明，没有监督的权力必然腐败，绝对的权力导致绝对的腐败，这是不以人们的意志为转移的客观规律。党内监督、人大监督、民主监督、行政监督、司法监督、审计监督、社会监督和舆论监督等各方面要形成合力，使权力不能有丝毫的任性。完善法治保障体系，就要构建可靠的政治保障、组织保障、物质保障、制度保障、人才保障等，极大地提升全民的法治素养，弘扬社会主义法治精神。完善党内法规体系，就要为党的政治建设、思想建设、组织建设、作风建设、纪律建设、制度建设和反腐败斗争提供基本遵循，从立法、执法到监督等各个方面提供全面的原则和规范，构建党内法规的制度体系。

2. 长治久安的根本保证

法治思维也是国家长治久安的必然要求。古今中外的历史都证明：人治必然走向衰败，法治必然走向兴旺；人治必然腐败丛生，法治必然风清气正；人治必然动荡不安，法治必然长治久安。当年，毛泽东同志与黄炎培先生曾有著名的"窑洞对"。六位参政员将要离开延安回重庆时，毛泽东问黄炎培有什么感想，黄炎培说："我生六十多年，耳闻的不说，所亲眼看到的，真所谓'其兴也勃焉'，'其亡也忽焉'，一人，一家，一团体，一地方，乃至一国，不少单位都没有跳出这周期率的支配力。大凡初时聚精会神，没有一事不用心，没有一人不卖力，也许那时艰难困苦，只有从万死中觅取一生。既而环境渐渐好转了，精神也就渐渐放下了。有的因为历史长久，自然地惰性发作，由少数演变为多数，到风气养成，虽有大力，无法扭转，并且无法补救。也有为了区域一步步扩大，它的扩大，有的出于自然发展，有的为功业欲所驱使，强求发展，到干部人才渐见竭蹶、艰于应付的时候，环境倒越加复杂起来了，控制力不免趋于薄弱了。一部历史'政怠宦成'的也有，'人亡政息'的也有，'求荣取辱'的也有。总之没有能跳出这周期率。中共诸君从过去到现在，我略略了解。就是希望找出一条新路，来跳出这周期率的支配。"毛泽东听了他这番话后，回答说："我们已经找到新路，我们能跳出这周期率。这条新路，就是民主。只有让人民来监督政府，政府才不敢松懈。只有人人起来负责，才不会人亡政息。"这条新路，用今天的话来说，就是发扬社会主义民主，全面推进依法治国，建设社会主义法治国家。只有推进全面依法治国，建成社会主义法治国家，我们才能永远跳出历史的"周期律"。

习近平同志指出："小智治事，中智治人，大智立法。治理一个国家、一个社会，关键是要立规矩、讲规矩、守规矩。法律是治国理政最大最重要的规矩。推进国家治理体系和治理能力现代化，必须坚持依法治国，为党和国家事业发展提供根本性、全局性、长期性的制度保障。"小智治事、中智治人、大智立法，说的是管理的三种境界：有小智慧的人盯住"事"，他们关注每一件"事"，通过处理好每件事来维持秩序、获得利益。有中等智慧的人盯住"人"，他们关注人的情绪、利益及其相互关系，通过处理好各种人际关系来建立和维护正常的秩序，从而达到自己的目的，实现自己的利益。有大智慧的人盯住"制度"，通过制定制度和执行制度，来引导人们正确地行使权利和履行义务，从而达到特定的目的，实现特定的利益。推而广之，治理一个国家、一个社会，关键是要立规矩、讲规矩、守规矩。法律是一个国家一个社会最大最重要的规矩。推进国家治理体系和治理能力现代化，就是一方面坚持科学立法，为党和国家事业发展提供根本性、全局性、长期性的制度保障；坚持严格执法，使党和政府在宪法和法律的范围内活动，按照法定职责、法定权限和法定程序等行使自己的职权；坚持公正司法，使司法机关严格按照法律规定保护人权、打击犯罪、定纷止争、维护正义，严守公平正义的最后一道防线。坚持全民守法，使全体人民切实增加法律知识，树立法律观念，弘扬社会主义法治理念，做自觉尊法守法的社会主义公民。

3. 实现现代化的必由之路

新中国已经走过了 60 多年不平凡的历程，今天，在以习近平同志为核心的党中央的领导下，我们已经迈进了一个新时代。全党全国人民正在习近平新时代中国特色社会主义思想的指引下，按照"五位一体"的总体布局和"四个全面"的战略布局，为全面建成小康社会，基本实现社会主义现代化，进而建成社会主义现代化强国，实现中华民族伟大复兴的"中国梦"而奋勇前进。为了实现这个伟大目标，就必须坚持全面依法治国，建设中国特色社会主义法治体系，建设社会主义法治国家。事实证明，现实中大量矛盾和问题都与无法可依、有法不依、执法不严、违法不究相关。无法可依，是指一些法律甚至重要法律至今仍未出台，这就使得社会生活的一些方面仍然缺乏必要的遵循。党的十八届四中全会提出科学立法，加快制定民法典等重要的法律，其目的就是要弥补这方面的缺憾。有法不依，指的是一些地方和部门，仍然以言代法、以权压法、权大于法、徇私枉法，红头文件、领导批示，甚至有权有钱者的电话，就有高于法律的效力，法律在某种程度上仍然是"纸老虎"和"稻草人"，没有发挥应有的作用。执法不严，指的是执法的选择性和随意性，即合我口味的就执行，不合我口味的就不执行，喜欢执行的就执行，不喜欢执行的就不执行，办"人情案""金钱案""关系案"等等。违法不究，指的是在选择性、随意性执法的环境下，对一些严重违反法律应当追究责任的人，不予追究责任，反而大事化小、小事化了，使他们逃避责任，成为不受法律约束的特权阶层。可以说，我国现今政治、经济、文化和社会生活中的许多矛盾和问题，都与上述情况有关，都与无法可依、有法不依、执法不严和违法不究有着直接或间接的联系。从这个意义上说，坚持推进全面依法治国，建设社会主义法治国家，是解决这些矛盾和问题的根本之策。

推进全面依法治国，建设中国特色社会主义法治体系，建设社会主义法治国家，才能使我们的国家真正迈入现代化。也就是说，在法治轨道上统筹社会力量，平衡社会利益，调节社会关系，规范社会行为，才能实现长久的国泰民安。法治要求良法之治，即被遵守的法律是良法，它体现了公平正义，体现了党和人民的意志，而不是少数人的意志，也不是少数部门和地方的意志，这些对立法工作提出了新的要求。法治要求宪法法律至上，即任何社会规范和团体规范等，都应当符合宪法法律的要求；任何权力，都应当在宪法法律的轨道上运行；任何组织和个人，都不得有超越宪法法律的特权。法治要求尊重和保护人权，即所有人的合法权利，都应当受到平等保护，非因法定事由和经法定程序，任何人的权利都不得被侵犯剥夺，要特别关注弱势者的合法权益，使他们不被剥夺和歧视。法治要求把权力关进制度的笼子，即任何权力都要受到有效监督，使它们不得有任何任性，因为不受监督的权力必然腐败，绝对的权力导致绝对的腐败。法治还要求尊重程序，即不仅要遵守法律的实体规定，而且要尊重法律的程序规定。人们不仅需要公正，而且需要看得见的公正，实体公正常常需要程序公正来表征。从这个意义上说，蔑视程序也是蔑视法律，糟践程序也是糟践法律。可以说，我们国家全面依法治国实现之日，就是实现社会主义现代化之时。

三、用法治打造当代中国的公平正义

党的十八大以来，以习近平同志为核心的党中央，领导全党全国各族人民，全力推进依法治国，建设中国特色社会主义法治体系，建设社会主义法治国家，取得了令人瞩目的成绩。

1. 法治全面推进

习近平同志在党的十九大报告中，精辟总结了五年来我国法治建设取得的伟大成就，他指出："科学立法、严格执法、公正司法、全民守法深入推进，法治国家、法治政府、法治社会建设相互促进，中国特色社会主义法治体系日益完善，全社会法治观念明显增强。国家监督体制改革试点取得实效，行政体制改革、司法体制改革、权力运行制约和监督体系建设有效实施。"党的十八大以来，我们正是这样做的。从全局来说，我们强调依法治国；从执政党来说，我们强调依法执政；从政府来说，我们强调依法行政。我们坚持法治国家、法治政府、法治社会一体建设，没有单科独进、顾此失彼。我们在科学立法、严格执法、公正司法、全民守法四个方面，都取得了重大成绩。以下以司法体制改革为例，来谈谈五年来的艰巨工作和巨大变化，并以此一"窥"，来视法治建设之"全貌"。

依法治国的重要方面是公正司法，而公正司法则需要解决深层次的体制机制问题。党的十八大以来，我们在推进司法体制改革方面，取得了重大进展。党的十八届三中全会决定确定了司法体制改革的目标：深化司法体制改革，加快建设公正高效权威的社会主义司法制度，维护人民权益，让人民群众在每一个司法案件中都感受到公平正义。这个目标包括三个层次：第一个层次是"加快建设公正高效权威的社会主义司法制度"。这里有三个关键词：公正、高效、权威。公正是法治的生命线，也是司法的生命线。没有公正，高效是没有意义的；没有公正，不可能产生司法权威。高效也是十分重要的，从一定意义上说，没有高效也就没有公正，迟来的公正不是真正的公正。权威也不是可有可无的，它既是公正、高效的结果，也是公正、高效的保障。没有司法的公正和高效，司法的权威不可能凭空产生；反过来，没有司法的权威，就不可能有司法的公正和高效。因此，三者的关系是辩证的。第二个层次是"维护人民权益"。司法机关只有坚持司法为民的正确方向，在整个司法工作中注重"维护人民权益"，不仅有"维护人民权益"的主观动机，而且有"维护人民权益"的实际效果，才能真正取信于民，真正产生权威。第三个层次是"让人民群众在每一个司法案件中都感受到公平正义"。这既是公正、高效、权威的具体化，也是"维护人民权益"的具体化。只有"让人民群众在每一个司法案件中都感受到公平正义"，司法改革的目标才真正达到了。

党的十八届三中全会确定了实现上述目标的十五条途径：省级以下司法机关人财物统一管理；探索建立与行政区划适当分离的司法管辖制度；建立符合职业特点的司法人员管理制度；健全司法权力分工负责、互相配合、互相制约的机制；改革审委会制度，完善主审法官、合议庭办案责任制，让审理者裁判，由裁判者负责；明确各级法院职能定位，规范上下级法院审级监督关系；推进审判公开、检务公开，录制并保留全程庭审资料，增强法院文书说理性，推动公开法院生效裁判文书；严格规范减刑、假释、保外就医程序，强化监督程序；广泛实行人民陪审员、人民监督员制度，拓宽人民群众有序参与司法渠道；进一步规范查封、扣押、冻结、处理涉案财物的司法程序；健全错案防止、纠正、责任追究机制，严禁刑讯逼供、体罚虐待，严格实行非法证据排除规则；逐步减少适用死刑罪名；废止劳教制度，完善对违法犯罪行为的惩治和矫正法律，健全社区矫正制度；健全国家司法救助制度，完善法律援助制度；完善律师执业权利保障机制和违法违规执业惩戒制度，加强职业道德建设，发挥律师在依法维护公民和法人合法权益方面的重要作用。

上述种种措施的精髓，可以概括为"一制三化"：司法责任制、职业化、弱行政化、弱地方化。司法责任制指的是让审理者裁判，让裁判者负责，以此来解决责任不明、无人负责的问题。职业化指的是调整法官、检察官的门槛，提升法官、检察官的素质，提高法官、检察官的待遇，这是法官、检察官队伍适应公正司法的需求。弱行政化指的是完善法院、检察院的内部管理机制，在推行司法责任制的同时，防止内部的不法干预。弱地方化指的是实行省级以下司法机关人财物统一管理，探索建立与行政区划适当分离的司法管辖制度，其目的是防止外部的不法干预。实践证明，司法体制改革完全适应了当前的形势，有力地促进了司法公正。当前，司法体制改革正在按既定方案深入推进，我们有理由期望它为司法工作带来更加清朗的明天。

2. 依法治国和依规治党有机统一

习近平同志指出：要坚持依法治国和依规治党有机统一。为什么要坚持依法治国和依规治党有机统一？因为中国共产党是在我国长期执政的党，没有党的先进性和纯洁性，就不会有国家的长治久安；没有依规治党，就难以有真正的依法治国。五年来，我们在依规治党方面也取得了重大成绩。仅以党内法规制度建设为例，我们明确了党章是党的根本大法，是全党必须遵循的总规矩，建立健全党内制度体系，要以党章为根本依据。在此基础上，做了如下主要工作：

出台了党内法规制定的总规范。2013年5月，《中国共产党党内法规制定条例》以及《中国共产党党内法规和规范性文件备案规定》同时发布，对党内法规的制定权限、制定原则、规划计划、起草程序、审批发布、适用解释、审查备案和清理评估等方面做了详细规定，是制定党内法规的纲领性文件。新的《制定条例》与1990年颁布的《中国共产党党内法规制定程序暂行条例》相比，内容更加丰富、规定更加具体、程序更加细致，是一部正式的党内"立法法"。

修订了一批党内法规。例如：修订《党政领导干部选拔任用工作条例》《干部教育培训工作条例》，对新形势下党政领导干部的选拔任用和干部教育培训工作作了系统规定；修订《中国共产党廉洁自律准则》《中国共产党纪律处分条例》，明确了党内政治生活的原则和规矩，既明确高线又划出底线；修订《中国共产党地方委员会工作条例》，为加强和改善党的领导，更好发挥地方党委总揽全局、协调各方的作用提供了制度保障。修订《关于新形势下党内政治生活的准则》，全面总结了我们党管党治党的经验，为新形势下净化党内政治生态提供了基本遵循。

制定了一批新的党内法规。例如：《中国共产党党组工作条例（试行）》《事业单位人事管理条例》《事业单位领导人员管理暂行规定》《省部级干部生活待遇的若干规定》《省部级领导干部秘书管理规定》《党政机关厉行节约反对浪费条例》及其配套文件、《党政机关国内公务接待管理规定》《中央和国家机关会议费管理办法》《中国共产党党内监督条例》等等。修订或制定上述党内法规的基本出发点之一，是为了把各种权力关进制度的笼子，这些既是全面从严治党的需求，也是全面依法治国的重要组成部分。因为全面依法治国，首先要求执政党依规治党、依宪执政。

集中清理了已有党内法规。2012 年 7 月到 2014 年 11 月，分两次对党内法规和规范性文件进行了集中清理，废止了 1178 件中的 322 件，宣布失效 369 件，继续有效的 487 件，其中 42 件需要适时进行修改。同时，中央纪委、中央各部门和各省市区党委也分阶段对本部门本地区出台的配套党内法规和规范性文件进行了相应清理。通过清理，处理了与宪法和法律不一致、与党章不协调、与新形势新任务不适应的党内法规和规范性文件，保证了党内法规的合法性和统一性。编制了制定党内法规的五年计划。2013 年 11 月，中央办公厅发布了《中央党内法规制定工作五年规划纲要》(2013—2017 年)，确定了党内法规制定的指导思想、工作目标和基本要求，明确未来五年要建立健全的党的领导和党的工作、思想建设、组织建设、作风建设、反腐倡廉建设和民主集中制建设等 6 个领域 37 个方面的党内法规，提出了 45 件党内法规重点建设项目。

3. 把权力关进制度的笼子

依法治国的重要内容是依法治权，完善权力的制约和监督体系，像习近平同志所说的那样，把权力关进制度的笼子。五年来，以习近平同志为核心的党中央致力于把权力关进制度的笼子，做了大量的工作，取得了重大成就。首先，在建立健全各项制度的基础上，狠抓了失责必问、问责必严。失责必问、问责必严，已经成为党的十八大以来制度执行的显著特点，成为由"制度空转"到"制度运行"的关键所在。几年来，我们坚决维护制度的严肃性和权威性，让铁规发力、让禁令生威，使制度成为硬约束而不是"橡皮筋"。坚决纠正有令不行、有禁不止的行为，坚决不留"暗门"，不留"天窗"，解决了许多长期想解决而没有解决的难题，办成了许多过去想办而没有办成的大事。公款吃喝、公器私用、权钱交易、权色交易、跑官要官、买官卖官等违规违法行为，曾经长期存在，禁而不止。许多人甚至认为，这些现象在现行体制机制条件下是无法解决的问题。然而，在以习近平同志为核心的党中央的领导下，通过领导带头和严肃问责，这些问题在短期内都较好地解决了。实践证明，动员千遍不如问责一次，只有严肃问责，才能解决"制度空转"的问题；只有严肃问责，才能刹住种种歪风；只有严肃问责，才能使制度成为硬约束而不是"橡皮筋"；只有严肃问责，才能杜绝"暗门"和"天窗"，实现制度面前人人平等、法律面前人人平等；只有严肃问责，才能真正实现把权力关进制度的笼子。

其次，以壮士断腕的气概，坚定不移地"打虎""拍蝇""猎狐"。党的十八大以来，以习近平同志为核心的党中央坚持"打虎""拍蝇""猎狐"，取得了显著的成绩。五年来查处党员干部35万人，省军级干部440人，产生了良好的社会效果。首先是"打虎"。从周永康、薄熙来、郭伯雄、徐才厚、令计划、苏荣，到一大批省部级高官落马，说明他们并不因为位高而可以逍遥法外，并不因为权重而可以为所欲为，他们同样要为自己的贪腐行为而承担法律责任。这几年，审查和处理高级干部的人数，创下改革开放以来的历史新高，从分布地域看，查处的高级干部覆盖了31个省（区、市）。这些"老虎"，有的野心膨胀，为所欲为，成为党内政治生活的污染源，严重危害党和国家政治安全；有的长期主政一方、盘踞一域，把自己管辖的地方和部门搞成针插不进、水泼不进的"独立王国"；有的大搞"我的地盘我做主"，"老虎屁股摸不得"，把关系国民经济命脉的部门和企业搞成自家的"领地""家天下"。以习近平同志为核心的党中央"明知山有虎，偏向虎山行"，坚持法律面前人人平等，消除了党和国家的重大政治隐患，坚决维护了宪法法律的权威。其次是"拍蝇"。据中央纪委官网统计，仅2015年1月1日至2015年12月20日期间，全国查处群众身边的"四风"和腐败问题就有80516起，查处人数达91550人。对那些官职不高、案值不菲的"小官巨贪"也绝不姑息、严加查处，净化了党和国家的政治生态，维护了法律应有的尊严。再次是"猎狐"。"天网猎狐"行动布下天罗地网，国际追逃追赃取得积极成果。"天网猎狐"行动向腐败分子发出强烈信号：境外不是"法外"之地，避罪没有"天堂"，违法犯罪者必将受到应有的惩处。所有这些措施，都是全面依法治国、建设中国特色社会主义法治体系、建设社会主义法治国家的生动实践，有力地推进了全面依法治国的进程。

第八章
治国理政之精准思维

　　治国理政，既需要高屋建瓴的战略设计，更需要落实到位的精准举措。也就是说，中国共产党作为执政党，在考虑治国理政的国家大事的同时，也会同时考虑到如何准确具体地落实。这种思维方式在扶贫攻坚中表现得特别突出。党的十八大以来，以习近平同志为核心的党中央推进精准扶贫、精准脱贫，加大扶贫投入，创新扶贫方式，开创了扶贫工作的新局面。习近平同志在谈到扶贫工作时指出，必须在精准施策上出实招，在精准推进上下实功，在精准落地上见实效。扶贫是关系全面小康大局的战略部署，精准扶贫是有效落实这个战略部署的举措。除此之外，在其他许多场合，习近平同志也运用精准思维方式思考解决面临的问题。他一系列重要讲话中所呈现的新思想、新观点和新理念，也丰富了精准思维的内涵，从而成为我们党弥足珍贵的思想武器和精神财富。

一、精准思维，何处须精准

所谓精准思维，就是精细准确地研究问题、制定政策措施、推进工作、把任务落到实处。它具有如下主要特点。

1. 精准思维，细节处精准

习近平同志在党的十九大报告中，对我们所处的历史方位做了新的概括，提出了"新时代"的重要命题，并且用"五个时代"描述了新时代的重要特征：是承前启后、继往开来、在新的历史条件下继续夺取中国特色社会主义伟大胜利的时代，是决胜全面建成小康社会、进而全面建设社会主义现代化强国的时代，是全国各族人民团结奋斗、不断创造美好生活、逐步实现全体人民共同富裕的时代，是全体中华儿女勠力同心、奋力实现中华民族伟大复兴中国梦的时代，是我国日益走近世界舞台中央、不断为人类作出更大贡献的时代。"五个时代"，及其精确地描述了新时代的重要特征，回答了"走什么样的路？建设什么样的国家？实现什么样的发展？达到什么样的目标？作出什么样的贡献？"的问题。这是精准思维的生动体现。2014 年 5 月 9 日，习近平同志在指导兰考县委常委班子专题民主生活会时指出："要从细节处着手，养成习惯。如果对工作、对事业仅仅满足于一般化，满足于过得去，大呼隆抓，眉毛胡子一把抓，那么问题就会被掩盖。"当前，我们党内存在的作风问题和其他问题都很多，也很具体，要解决这些问题，必须以具体对具体，决不能大而化之。例如，为了解决领导干部中存在的严重作风问题，党中央提出了八项规定，这些规定，项项对准问题，条条具体而微。由于界限明确、敢于问责，问题得到较快较好地解决。为了解决全党范围内普遍存在的严重问题，党中央在群众路线教育实践活动中，鲜明地提出了反对"四风"（即形式主义、官僚主义、享乐主义和奢靡之风），并且在此基础上十分明确地指出了"四风"的各种具体表现。由于问题具体，措施得力，问题也较快较好地得到解决。党的十八大以来，党中央想要解决任何问题，几乎都会开列一长串"负面清单"，一一提出各种禁止事项，绝无遗漏。例如党的十八届六中全会通过的《关于新形势下党内政治生活的若干准则》，是新形势下管党治党的纲领性文件，也是新形势下管党治党的集大成者，它的显著特点之一，就是在阐述重大原则、提出正面要求时，往往都要列出"负面清单"，明确禁止事项，旗帜鲜明、毫不含糊。在谈到严明纪律时，它明确指出：不准信宗教，不准参与邪教，不准拉拉扯扯、吹吹拍拍、阿谀奉承，不准搞人身依附关系，不准散发匿名信，不准诬告陷害，禁止对领导人的吹捧，禁止给领导人祝寿送礼、发致敬信函，禁止在领导干部国内考察时组织迎送、张贴标语、敲锣打鼓、铺红地毯、举行宴会等。在谈到选人用人时，它也明确指出：坚决纠正跑官要官、买官卖官、拉票贿选，坚决禁止向党组织讨价还价、不服从组织决定的行为，坚决纠正唯票、唯分、唯生产总值、唯年龄等取人偏向等。因为我们党在解决许多问题时坚持从细节处着手，以具体对具体，避免大而化之、以原则对具体，所以党风建设收到了多年未有的良好效果。

回顾过去，一些地方和部门的党风问题和其他问题之所以长时间解决不了或解决不好，一个重要原因就是大而化之、从原则到原则、从概念到概念。例如公款吃喝，我们治理了许多年，结果是越治越多、越治越烈。其中的重要原因就是，不是以具体对具体，而是以原则对具体；不是瞄准具体问题，而是止于"高屋建瓴"；不是拿出具体办法，而是满足于喊口号。事实证明，不从细节处着手，要想解决党内存在的各种问题特别是其中的顽症，是不可能的。

2. 精准思维，问题处精准

习近平同志指出："要有强烈的问题意识，以重大问题为导向，抓住重大问题、关键问题进一步研究思考，找出答案，着力推动解决我国发展面临的一系列突出矛盾和问题。"精准思维要求不能"空对空"、无的放矢或隔靴搔痒，而要求迎着问题来，对着问题去，把提出问题、分析问题和解决问题作为我们工作的基本任务。习近平同志自己就是这方面的典范。他提出"中国梦"这个中华民族伟大复兴的伟大理想，就是要解决一些共产党人理想信念失落和全球华人共同理想缺位这两个相互联系的问题。一段时间以来，一些共产党员理想信念模糊了、失落了，他们不信马列信鬼神、不信组织信"大师"，成了宗教信徒甚至是邪教信徒；或者什么都不信，只信"权"与"钱"，陷入了权力金钱拜物教的泥潭；或者跌入了"伪宗教"的泥坑，热衷于"我烧香、你保佑"，一边盲目烧香，一边照干坏事。党内各种歪风之所以产生和蔓延，与一些党员的理想信念模糊和失落有着密切的联系。另一方面，中华儿女的共同理想是什么？全球华人的最大公约数是什么？奋斗目标是什么？这个极其重要的问题，却一直处在"缺位"状态。中国人内部的许多问题之所以产生和蔓延，也与这种状况密切相关。习近平同志提出"中国梦"这个中华民族伟大复兴的理想，强调"两个一百年"的奋斗目标，既实现了中国共产党人理想信念的具体化，又概括了全球华人的共同理想，还把共产党人的远大理想和全体华人的共同理想有机地结合起来了。因此，提出并传播"中国梦"的理想，并不是一种无谓的宣传，而是直面和解决了一个极其重大的问题。

　　一段时间以来，一些人在认识和表述改革开放前后两个历史时期时，出现了偏差甚至是严重的偏差。他们或者用改革开放后的历史去否定改革开放前的历史，或者用改革开放前的历史去否定改革开放后的历史，把两个历史时期完全对立起来，割裂开来。习近平同志意识到，这是一个大问题，会产生严重的政治后果。古人云："灭人之国，必先去其史。"国内外敌对势力总喜欢拿中共党史、中国革命史和新中国历史做文章，丑化、矮化、妖魔化我们的历史，其目的就是从根本上否定我们事业的正义性、正当性和合法性，为否定中国共产党的领导和社会主义制度做舆论准备。苏共为什么垮台？苏联为什么解体？一个重要原因，就是全面否定列宁、斯大林，全面否定苏共历史、苏联历史。这个基础完全坍塌以后，偌大一个马克思主义政党，偌大一个社会主义国家，也就自然分崩离析了。面对这样一个极其重要而许多人并没有意识到的问题，习近平同志强调，如果没有1978年我们党果断作出进行改革开放的决定并坚定不移向前推进，社会主义中国就不可能有今天这样的大好局面，相反，还可能面临严重危机，甚至出现苏联和东欧那样的情况。同样，如果没有1949年新中国成立以后的社会主义革命和建设，没有由此积累起来的思想、物质和制度条件，没有20多年来正反两个方面的历史经验，改革开放也不可能顺利进行。虽然这两个历史时期在思想指导、方针政策和实际工作方面有很大的不同和差别，但二者并不是互相割裂的，更不是根本对立的，相反，它们有很大的一致性和统一性。实践证明，习近平同志以深邃的眼光发现了问题，并且以过人的智慧解决了问题，他创造了一个个问题导向的典型范例。在党的十九大报告中，习近平同志提出了"四个伟大"，即伟大梦想、伟大斗争、伟大工程、伟大事业。

其中传达的重要信息是：我们不搞"以阶级斗争为纲"，却决不能放弃斗争。他以"五个更加""五个坚决"阐述了坚持"伟大斗争"的必要性和必然性，而"五个坚决"说的都是当前存在的突出矛盾问题。它以铁一般的逻辑告诉全党："我们党要团结带领人民有效应对重大挑战、抵御重大风险、克服重大阻力、解决重大矛盾，必须进行具有许多新的历史特点的伟大斗争。"

3. 精准思维，实招处精准

习近平同志思考问题、分析问题的一个显著特点是，先提出实际存在的问题，再提出解决问题的具体办法，在这里，问题不是空洞的而是实在的，办法不是抽象的而是具体的。在谈到扶贫和脱贫工作时，习近平同志指出："我国现行脱贫标准是农民年人均纯收入按2010年不变价计算为2300元，2014年现价脱贫标准为2800元。按照这个标准，2014年末全国还有7017万农村贫困人口。综合考虑物价水平和其他因素，逐年更新按现价计算的标准。据测算，若按每年6%的增长率调整，2020年全国脱贫标准约为人均纯收入4000元。"到2020年通过产业扶持、转移就业、易地搬迁、教育支持、医疗救助等措施解决5000万人左右贫困人口脱贫，完全或部分丧失劳动能力的2000多万人口全部纳入农村低保制度覆盖范围，实现社保政策兜底脱贫。我们看到，扶贫脱贫工作面临的形势和任务，其特点是有一说一、有二说二，实实在在、毫不含糊；扶贫脱贫的方法和措施，其特点是十分明确、十分具体，具有实际操作的内容，是"实招"而不是"虚招"。

针对我国经济发展中存在的优质供给缺乏、有效供给不足、无效供给过剩的问题，习近平同志2015年11月10日在中央财经领导小组第 11 次会议上提出了供给侧结构性改革的新思路：从供给、生产端入手，对供给侧的劳动力、土地、资本和技术创新等要素进行优化配置，提高供给效率，促进经济发展。在中央财经领导小组第 12 次会议上，他进一步强调："要在适度扩大总需求的同时，去产能、去库存、去杠杆、降成本、补短板，从生产领域加强优质供给，减少无效供给，扩大有效供给，提高供给结构适应性和灵活性，提高全要素生产率，使供给体系更好适应需求结构变化。"很明显，习近平同志提出供给侧结构性改革，是我国经济发展的重大问题。如何把握我国经济发展的宏观形势？如何看待我国经济发展存在的突出问题？此前，习近平同志提出了准确把握我国经济发展的大逻辑，主动适应、把握、引领经济发展新常态的问题，现在，又提出了供给侧结构性改革的新命题。如果说，前者侧重于总体分析，后者则侧重于具体分析；前者侧重于宏观把握，后者则侧重于问题追踪；前者侧重于"怎么看"，后者则侧重于"怎么办"。他提出的"三去一降一补"，即去产能、去库存、去杠杆、降成本、补短板等，将一个极其重大的问题，完全安装在实际操作的机器上，令人叹为观止。

4. 精准思维，"最后一公里"精准

习近平同志强调，各地区各部门的主要负责同志，对抓改革、抓落实负有直接责任。中央有具体要求的，要一竿子插到底，不折不扣加以落实；中央提出原则要求的，要结合实际进行细化实化。要注意配足力量，创新方法，把精力集中在打通"最后一公里"上。这里，他创造性地提出了打通"最后一公里"的主张。"最后一公里"（Last kilometer），在英美也常被称为 Last Mile（最后一英里/最后一公里），原意指完成长途跋涉的最后一段里程，以后被引申为完成一件事情的

时候最后的而且是关键性的步骤（通常还说明此步骤充满困难）。打通"最后一公里"，简单地说就是要把工作落实到位。如果一段路是全程是 100 公里，你只完成了 99 公里，那么，你实际上等于没有走。同样，如果一件事情有 100 个环节，你只完成了 99 个环节，那么，你实际上等于没做。当前，我们要在如下主要问题上特别注重打通"最后一公里"。

深入基层调研要打通"最后一公里"。我们党的群众路线是一切为了群众，一切依靠群众，从群众中来，到群众中去。群众路线要求我们要有群众的立场，即想群众之所想，急群众之所急。群众路线要求我们要有群众的感情，即与群众同呼吸、共命运、休戚与共。群众路线还要求我们掌握做群众工作的方法，即善于从群众中集中起来，再到群众中坚持下去。深入基层调研是发现问题、解决问题的前提条件，是处理好复杂矛盾和问题的关键举措。但是一些领导干部的"调研"只是看看材料、听听汇报；或者到基层转一圈、握握手、问问话、拍拍照；甚至事先安排、精心导演、演演戏、做做样子。这样的"调研"，不可能深入发现问题，也就不可能真正解决问题。

落实政策措施需要打通"最后一公里"。这些年，中央和各地出台了很多很好的政策措施，但不少好的政策措施没有得到好的落实，不少好的惠民政策只是停留在会议上，停留在文件上，落实在汇报上。就是说，我们常常没有打通"最后一公里"，使得许多很好的政策措施成了"空头支票"。究其原因，一方面是工作方法和工作能力问题，一些同志只有"虚功"没有"实功"，只有"唱功"没有"做功"，不善于把工作落到实处。另一方面是群众立场和群众感情问题，一些干部热衷于当官做老爷，热衷于以权谋私，热衷于权钱交易，对人民群众的疾苦漠不关心，党和人民赋予的权力，早就成了他自己的私家财产和个人物品。

解决群众实际利益问题也需要打通"最后一公里"。当前，中央和地方在改善民生方面，特别是"脱贫攻坚"方面采取了很多措施，用劲很足，投入很大，但是在一些地方和部门效果不尽如人愿。那里在中间环节打了不少折扣，实际效果很成问题。一些地方的住房难为什么解决不好？问题就出在"最后一公里"；一些地方的看病难为什么解决不好？问题也出在"最后一公里"；一些地方的上学难为什么解决不好？问题还是出在"最后一公里"；便民大厅不便民，服务人员不服务，扶贫资金不扶贫，社会保险不保险等等怪状，问题都往往出在"最后一公里"。因此，打通"最后一公里"，是针对现实情况提出来的一种思想方法和工作方法，是习近平同志所倡导的精准思维的重要组成部分。

二、精准思维，精准可克难

党的十八大以来，以习近平同志为核心的党中央，应用精准思维，成功地推进了一系列工作，解决了一系列难题，理顺了一系列关系，取得了良好的效果。以下谈谈主要的方面。

1. 以精准思维去扶贫之"粗"

为了顺利完成脱贫攻坚的任务，习近平同志提出了"精准扶贫"的思想，并且提出了"六个精准"的思路。"六个精准"是：扶贫对象精准、项目安排精准、资金使用精准、措施到户精准、因村派人精准、脱贫成效精准。"六个精准"在扶贫实践中得到了全面地贯彻执行，并且使它自身变得更加丰富，这正是扶贫工作得以顺利推进的根本原因。

扶贫对象精准，就是要将真正的贫困对象识别出来。目前扶贫对象的识别工作中还存在一些问题。例如按民主评议的方式识别出的贫困人口，与国家统计局按收入和消费估计的贫困人口有脱节的情况，为了实现扶贫对象精准，需要进一步改善贫困人口的评估指标，要从单纯依据收入和消费指标进行简单评估，转变为依据收入、消费、资产、健康、教育、环境等多维指标进行综合评估。从基层民主评议的角度来看，必须更加重视收入和消费因素，同时用严格的否决性指标来排除不合格的人群（如财政供养人口、企业主、有商品住房的家庭等），大幅度减少人为操控评估的现象。项目安排精准，就是要根据贫困户和贫困人口的实际需要，有针对性地进行项目帮扶。根据全国建档立卡数据分析，42.1%的贫困户因病致贫，35.5%的贫困户因缺资金致贫，22.4%的贫困户因缺技术致贫，16.8%的贫困户因缺劳力致贫。并且，多数贫困户的致贫原因不是一个，而是多个。因此，扶贫项目也必须是综合的，要实现帮短期与帮长期相结合，帮生产与帮健康相结合，帮资金与帮技术相结合。资金使用精准，就是要保证到户项目有资金支持。这就需要改革扶贫资金管理体制，并进一步加强资金的整合力度，给予县级及其以下政府在资金使用上更多的自主权。实践证明，扶贫资金的管理应该下放到县级政府，扶贫项目和扶贫方式由县级政府根据实际情况确定。中央和省级政府负责监督、检查、考核和评估。只有进一步下放资金管理权，才可能做到扶贫资金的有效整合，提高资金使用的针对性和有效性。措施到户精准，就是要解决扶贫项目不到户的问题。扶贫项目不能到户的主要原因是扶贫项目和投资缺乏有效的机制。比如，一些贫困户因为负担不起配套资金而不能获得水窖、沼气项目；一些贫困户因为负担不起搬迁成本而出现"搬富不搬穷"的现象；一些贫困户由于没有抵押和担保而被排除在金融扶贫之外。因此，要进一步探索贫困户的受益机制，例如在产业发展和创收方面，如何将贫困户纳入现代产业链，解决贫困户面临的技术、资金、市场等方面的困难。在移民搬迁项目中，如何采用差异化的补贴政策来增加贫困户的收益，降低他们的搬迁成本。在金融扶贫中，如何通过信贷、保险和抵押市场的综合改革，进一步提高贫困户获得金融服务的能力。因村派人精准，其目的是增强村级实施精准扶贫的能力。由于贫困村干部的文化程度普遍较低、能力较弱，加上大量年轻人外出打工，村级治理能力普遍较低。通过选派第一书记和驻村工作队的方式，可以迅速提高贫困村的管理水平。第一书记和扶贫工作队本身是精准扶贫的产物，而他们的主要精力也应放在精准扶贫上，要帮助村两委改进贫困户的识别方法，解决识别过程中容易出现的矛盾；要协助村两委建立有效的扶贫到户机制，让贫困户实实在在地受益；要对村级的扶贫工作进行严格监督，切实防止以权谋私和弄虚作假。脱贫成效精准，就是要确保扶贫成果真实可靠。要达到脱贫成效精准，除了保证前述的五个精准到位以外，还需要加强脱贫效果的科学考核与评估，防止成果造假和贫困人口"被脱贫"现象的发生。为达此目的，要更好地发挥有关部门的作用，建立健全相应的考核评估机制。同时要组织和动员社会力量参与对扶贫工作的动态监测、分析和评价。总之，要确保准确地评估脱贫成效，为后续相关工作提供可靠而坚实的基础。我们看到，正在全国范围内进行的精准扶贫工作，是贯彻习近平同志精准思维的典型范例，它已经取得了十分显著的成绩，并将取得最终的伟大胜利。

2. 以精准思维克改革之"泛"

在新形势下，全面深化改革的总目标，是完善和发展中国特色社会主义制度，推进国家治理体系和治理能力的现代化。这个总目标由两个方面构成，其一是根本方向，这就是走中国特色社会主义道路，而不是走其他什么道路；其二是鲜明指向，这就是完善和发展中国特色社会主义制度，基本路径就是治理体系和治理能力的现代化。国家治理体系是在党领导下管理国家的制度体系，它表现为一系列相互联系相互协调的制度；国家治理能力是运用国家制度管理各方面事务的能力。全面深化改革的核心，是使市场在资源配置中起决定性作用和更好地发挥政府的作用。为什么这个问题是核心？因为只有坚持社会主义市场经济改革方向，才能解决我们面临的各种复杂矛盾和问题，它既是经济体制改革的基本遵循，也是全面深化改革的重要依托。那么，经济体制改革的主线又是什么呢？习近平同志提出，要以供给侧结构性改革为主线，即减少无效供给，扩大有效供给，增强供给结构对需求变化的适应性，提高全要素生产率。应当承认，供给侧结构性改革这个概念，对于普通党员干部来说比较陌生，也比较难以理解，在此基础上，"怎么做"更容易成为一个问题。基于此，习近平同志鲜明地提出了"三去一降一补"，即去产能、去库存、去杆杠、降成本、补短板。去产能就是减少过剩产能，如钢铁、煤炭生产，已经出现某种程度的过剩，成为无效供给，应当适时适度降下来。去库存就是减少商品库存，如一些地方的房地产产品供过于求，大量库存应当适时适度地降下来。去杆杠，就是减少政府和企业的债务，把债务控制在合理范围内，从而降低和避免金融风险。降成本就是降低企业的交易成本特别是制度下交易成本，包括适时适当降低税费，减少行政审批，减少不当管制，让企业轻装上阵，成为富有活力的市场主体。补短板就是盯住经济发展中的薄弱环节，适时适当强化资源配置的力度，集中力量把短板拉长，实现平衡与协调发展。

习近平同志的"三去一降一补"，对供给侧结构性改革进行了深入浅出的阐释，不愧为精准思维的典范之作：它把一个抽象的问题讲得如此具体，把一个复杂的问题讲得如此简明，把一个深奥的问题讲得如此明了，把一个理论问题讲得如此可操作，把"怎么看"和"怎么干"讲得如此水乳交融，确实是一种很高的境界。这些重要论述，对于全国范围内正在进行的供给侧结构性改革，具有重要而精准的指导意义。

3. 以精准思维补开放之"短"

2013 年，习近平同志在访问哈萨克斯坦和印度尼西亚时，分别提出了建设丝绸之路经济带和 21 世纪海上丝绸之路的倡议。建设"一带一路"，是以习近平同志为核心的党中央作出的重大战略决策，是我国新时期扩大开放的重大举措。在历史上，陆上丝绸之路和海上丝绸之路是我国同中亚、西亚、东南亚、南亚、东非、欧洲有关国家进行经贸交流和文化交流的通道，"一带一路"倡议就是对古丝绸之路的继承和提升，它可以提供一个新的包容性巨大的发展平台，使沿线的几十个国家实现资源共享、优势互补、互惠互利、共同发展。沿线许多国家提出的许多发展战略和倡议，与"一带一路"的倡议具有许多共同点，这使得"一带一路"战略具备了广泛的基础，因而也具有高度的可行性。当然也要看到，"一带一路"是一个内容丰富而复杂的国际性战略，要让普通干部群众便利地理解它的内涵、意义以及如何去做，并不是一件容易的事情。习近平同志为此提出了著名的"五通"：政策沟通、设施联通、贸易畅通、金融流通、民心相通。何谓政策沟通？就是寻求与有关国家和地区间的政策对接，这是"一带一路"建设的重要条件。政策沟通的关键，就是要最大限度地获得国际社会的广泛认同。我们已经看到，哈萨克斯坦的"光明大道"、蒙古的"草原之路"、俄罗斯的"跨欧亚大通道建设"、印度尼西亚的"全球海洋支点"等等，都可以与"一带一路"实现较好的对接。广泛地扩大这种对接，就可以实现政策沟通。何谓设施联通？就是寻求交通、电力、油气、通讯等设施的联通，这是"一带一路"建设的优先领域。例如中欧班列，它依托的就是在中亚和中欧间开通的客货运输通道。又如哈萨克斯坦南线天然气管道项目，已经成为中亚至中国天然气管道的重要组成部分。此类联通还有极其广泛的空间，是"一带一路"建设的重要内容。何谓贸易畅通？就是便利的经济贸易合作，这是"一带一路"建设的重头戏。古丝绸之路，主要就是一条贸易之路。近年来，我国与"一带一路"沿线国家建立了一批具有示范效应的经贸合作园区，比如泰中罗勇工业园，柬埔寨西哈努克港经济特区等等。此类联通也有极其广泛的空间，例如搭建跨境电商平台，可以推动贸易联通获得超常规的发展。何谓资金融通？就是消除投资壁垒，促进资金自由流动，这是"一带一路"建设的引擎。2014 年，中国发起成立丝路基金，发起成立亚洲基础设施投资银行等，都是促进资金融通的重要举措。迄今为止，我国对"一带一路"沿线国家的直接投资，已经达到我国对外直接投资总额的 20%，其中五分之一以上是人民币直接投资。何谓民心相通？就是有关国家和地区人民的交流和互信，它是"一带一路"建设的人文基础。近年来，我国同"一带一路"沿线国家进行了广泛的高层互访，互派留学生，签证便利化等，还举办了丰富的文化年、艺术节、电影节等等，有力地促进了民心相通。显然，这方面的空间也极其广泛，需要我们去努力开拓。上述"五通"，也可视为习近平同志以精准思维解释和推动"一带一路"战略的典范之作。它把宏大战略与操作实务结合起来了，把抽象理论与具体实践结合起来了，把专家视角与百姓视角结合起来了，把"怎么看"与"怎么干"结合起来了。这种精准思维，已经使"一带一路"战略在较短的时间里获得神速的进展，也必将推动"一带一路"战略取得更大的成果。

习近平同志在十九大报告中，以专门章节论述了我国的对外政策，其中也显示了独具特色的精准思维。它首先阐述了我国外交政策的宗旨：高举和平、发展、合作、共赢的旗帜，维护世界和平，促进共同发展，推动建立人类命运共同体。其次分析了世界大势：和平与发展仍然是时代主题，但世界面临的不确定性不稳定性突出，人类面临许多共同挑战。再次阐述我国外交的重要原则：构建人类命运共同体，坚持以对话解决争端，推动经济全球化，尊重世界文明多样性，坚持环境友好等。最后提出我国外交的若干基点：维护国际公平正义，奉行防御性国防政策，积极发展全球伙伴关系，加强同各国政党和政治组织的交流合作，坚持对外开放的基本国策，秉持共商共建共享的全球治理观，倡导国际关系民主化等。分析这篇"外交宣示"，我们会发现它是一篇精准思维的杰作：从"是什么"到"为什么"，从"为什么"到"怎么办"，从基本原则到具体方略，一切都清清楚楚、清清爽爽。它没有从原则到原则、从概念到概念、从口号到口号、从标签到标签，而是从原则到具体、从概念到细节、从口号到方法、从标签到实践。五年来，我国外交工作之所以能够实现重大突破，与上述精准思维是密切相关的。党的十九大以后，中国特色社会主义进入新时代，我们要进一步提高执政能力和执政水平，就需要学习习近平同志的政治领导能力，学习包括精准思维在内的思维方法和思维艺术，把对外开放和其他各项工作继续推向前进。

三、精准思维，精准收奇效

精准思维，在治国理政的实践中起着十分重要的作用。具体地说，可以从如下几个方面来看。

1. 精准思维，摆正关系

坚持和发展中国特色社会主义，必须坚持精准思维，处理好一系列重大关系，防止片面性和绝对化，防止由此带来的严重错误甚至是"颠覆性错误"。习近平同志强调，要科学统筹各项改革任务，处理好改革"最先一公里"和"最后一公里"的关系，突破"中梗阻"，防止不作为。在全面深化改革中，要处理好几个重大关系：

一是解放思想和实事求是的关系。没有思想的大解放，就不会有改革的大突破，思想陈旧、观念保守、墨守成规，与全面深化改革是不适应的、不相容的。但是，解放思想并不是脱离国情的异想天开，不是脱离实际的闭门造车，也不是坐井观天的胡思乱想。解放思想，说到底是为了更好地实事求是，更好地从实际出发，扎扎实实地发现问题和解决问题，使主观认识更好地符合客观实际。因此，一定要把解放思想与实事求是统一起来，而不是把它们对立起来。

二是要处理好整体推进和重点突破的关系。改革是一个复杂的系统工程，要坚持整体推进、协同配套，不可以单兵独进、顾此失彼，因此，在改革中只见树木不见森林是要不得的。反过来，整体推进并不是平均用力、齐头并进，它要求抓住主要矛盾和矛盾的主要方面，抓住重点领域和重点环节。什么是重点领域？就是"牵一发而动全身"的地方，这是改革的重点、改革的大局，必须牢牢地扭住它不放松。什么是关键环节？就是"一子落而满盘活"的地方，这是改革的关键部位、有力支点，必须下更多的力气。抓住了改革的重点领域和关键环节，才能有效地推动全面深化改革。

三要处理好全局和局部的关系。既不能以局部代替全局，也不能以全局代替局部。只讲局部不讲全局，就会使全局利益受到损害，党和国家的整体利益就会落空，同时也会使局部利益相互掣肘、相互抵消。只讲全局不讲局部，就会使局部利益受到无谓的损害，当一个个局部利益受到普遍损害时，最终也会损害党和国家的整体利益。

四要处理好顶层设计和摸着石头过河的关系。摸着石头过河是一种形象的说法，它指的是对必须取得突破但一时还不那么有把握的改革，可以先行探索、投石问路，看准了再推开。这种方法既符合改革实际，又符合马克思主义的认识论和实践论。随着全面深化改革的推进，我们还要注重顶层设计，提高改革决策的科学性，增强改革措施的协调性，推进改革的系统性、整体性和协调性。摸着石头过河和加强顶层设计的相互结合，将贯穿于全面深化改革的全过程。

五要处理好胆子要大和步子要稳的关系。全面深化改革，战略上要勇于进取，战术上要稳扎稳打。改革不可能四平八稳、毫无风险，只要经过了科学评估和论证，该试的要大胆试，该闯的要大胆闯。但是，胆子大不是蛮干、不是瞎搞，不是胡作非为，而是稳妥审慎、稳扎稳打、积小胜为大胜。因此，全面深化改革，务必胆大而心细、蹄疾而步稳。

六要处理好改革发展稳定的关系。改革是经济社会发展的强大动力，发展是解决经济社会问题的关键，稳定是改革发展的前提，它们是我国社会主义现代化建设的三个重要支点，缺少任何一个重要支点，社会主义现代化的大厦都会倾覆。为此，我们必须把改革的力度、发展的速度和社会可承受的程度统一起来，既通过深化改革来促进发展和稳定，又通过保持稳定来推进改革发展。

以习近平同志为核心的党中央，在新时期的治国理政实践中，还以鲜明的精准思维摆正了一系列重大关系，协调推进了"四个全面"战略布局，统筹推进了"五位一体"总体布局。例如摆正了坚持四项基本原则和坚持改革开放的关系，既有效地防止了极"左"的危害，又有效地防止了极右的危害；摆正了市场和政府的关系，既强调发挥市场在资源配置中的决定性作用，又注重更好地发挥政府的作用；摆正了中华人民共和国成立以来前后两个30年的关系，既肯定了前30年的重大成绩，也肯定了后30年的巨大成就，说明了二者的内在传承关系；摆正了远大理想和共同理想的关系，既强调了共产党人的理想信念，又提出了全球华人的最大公约数，并且以"中国梦"将二者有机地统一起来。在全面建成小康社会，实现中华民族伟大复兴的"中国梦"的进程中，如果上述一系列重大关系处理不好，就会发生严重错误甚至是"颠覆性错误"；而要处理好上述重大关系，就一刻也不能离开审时度势、深入细致、精确有致的精准思维。

2. 精准思维，实事实效

我们的党员领导干部的思想作风存在的种种问题当中，有一种叫做大而化之，具体表现为：其一，从概念到概念、从原则到原则。一些文件动辄几十个原则，其实是没有原则；动辄几十个重点，其实是没有重点；动辄几十个"结合"，其实是杂乱无章；动辄几十个"牢牢把握"，其实是一个也不能把握。其二，以会议落实会议、以文件落实文件。我们一些党员领导干部一年到头忙得很，可是究竟在忙什么呢？原来，他们一直忙于修改文件、征求意见和按时发文。一直忙于修改讲话、征求意见和下发讲话。一直忙于出席各种会议，一个接一个、大会套小会、会前开会抓"调查研究"，会后再开会抓"贯彻落实"。许多文件，无论大事小事，都是"老五篇"：指导思想、基本原则、主要内容、方法步骤和组织保障。许多会议，无论大事小事，都是假、大、空、套，满足老程式，轮流做演讲，你报告，我讲话，他补充，说一大堆永远正确而毫无用处的废话。其三，没有打通"最后一公里"。常常表现为："精神"到了，但措施没到——会议精神一个接一个传达下来，但是有关部门和领导拿不出落实这些精神的措施，会议精神无法落实。文件到了，但行动没到——文件一个接一个发下来，但是有关部门和领导拿不出落实这些文件的行动，文件要求无法落实。形式到了，但内容没到——会开了、文件发了、报告听了、心得写了、墙报也出了，形式全有了，问题是思想照旧、观念照旧、作风照旧，内容不到位。开头到了，结尾没到——领导来调研了，首批资金也到位了，开工典礼也举行了，甚至路也修了一半了，但是工程却撂在那里了，两年也不见下文了。没有打通"最后一公里"，说到底就是没有落实，从某种意义上说，一百步只走了九十九步，不是完成了99%，而是等于零。

3. 精准思维，实干达标

党的十九大报告规划了新时代中国特色社会主义的发展目标，这就是在全面建成小康社会以后，用十五年基本实现社会主义现代化，再用十五年建成社会主义现代化强国。习近平同志指出："面向未来，全面建成小康社会要靠实干，基本实现现代化要靠实干，实现中华民族伟大复兴要靠实干。"党的十八大以后，以习近平同志为核心的党中央，向全党全国人民发出了共赴"两个一百年"，实现中华民族伟大复兴的"中国梦"的伟大号召。我们正处在一个关键的历史时期，这个时期比过去任何时期都更接近中华民族伟大复兴的理想。在这样一个关键时期，我们要大力克服形式主义、官僚主义、只说不干、浅尝辄止等弊端，摒除从概念到概念、从原则到原则等积弊，医治以会议落实会议、以文件落实文件等毛病。要下大力气打通"最后一公里"，坚决克服"精神"到了但措施没到、文件到了但行动没到、形式到了但内容没到、开头到了但结尾没到等问题。如果不清除大而化之的"虚功"，"两个一百年"的目标就会落空，中华民族伟大复兴的"中国梦"也会落空。

我们要认真学习习近平同志的精准思维，把全面建成小康社会、全面深化改革、全面依法治国、全面从严治党的战略布局落到实处，把创新、协调、绿色、开放、共享的新发展理念落到实处，把党中央的路线、方针、政策落到实处，把老百姓的各项合法权益落到实处。常言道"空谈误国，实干兴邦"，精准思维与空谈无缘，与实干相通。我国仍处于社会主义初级阶段的基本国情没有变，我国是世界上最大的发展中国家这一国际地位没有变，因此必须多出实策、多鼓实劲、多办实事，不说空话、不图虚名、不务虚功。古人云"功崇惟志，业广惟勤"，精准思维与志同在，与勤同行。人世间的美好梦想，只有通过艰苦奋斗才可能实现；发展中的各种难题，只有通过诚实劳动，才可能破解；生命里的一切辉煌，也只有通过努力拼搏才能铸就。因此必须锲而不舍、驰而不息、焕发劳动热情、释放创造潜能，始终保持那么一股劲，那么一股革命热情，那么一种拼命精神。

第九章
治国理政之求实思维

　　求实思维，是一种从实际中寻找解决问题途径的思维方式。求实思维强调用事实说话，强调以务实作风干实事。关于求实，习近平同志有过很多生动的论述，比如"空谈误国、实干兴邦""一分部署，九分落实""发扬钉钉子精神""抓铁有痕、踏石留印"等。习近平强调过，要从实际出发谋划事业和工作，使点子、政策、方案符合实际情况、符合客观规律、符合科学精神，不好高骛远；领导干部要坚持政贵有恒，树立功成不必在我的思想，一张蓝图干到底，不要搞那些脱离实际、脱离群众、劳民伤财、吃力不讨好的东西；要深入调查研究，增强看问题的眼力、谋事情的脑力、察民情的听力、走基层的脚力。这些论述，既凸显出中国共产党一以贯之的务实作风，也是对党的实事求是思想路线的生动阐释。

一、求实思维：落脚在"实"，关键在"求"

求实，既是一种精神、一种作风，也是一种品质、一种责任，是对中国共产党和各级领导者的一项根本要求。从本质意义上讲，实就包涵着真，是事物的本来面貌，是与"虚""假"相对立的。"实"，是万事万物赖以存在的基础，也是人们认识客观世界、规范自身行为的第一要求。而"求"则是行动，是一种有执念支撑的行动。我们党历来重视求实思维。"没有调查就没有发言权""从群众中来到群众中去"都有求实思维的影子，体现着求实思维。十八大以来，习近平提出的"准确把握客观实际""基本国情没有变"以及对社会主要矛盾的新论述等，是新时期求实思维的具体体现。

1. 求实传统一以贯之

我们党重视求实思维，一个重要标志就在于一直把求实思维鲜明地写在自己的理论上。马克思主义的真理性就是建立在求实思维之上的，是以科学的实践观为基础的理论与实践的统一、科学性与革命性的统一。马克思主义是一个实践性非常强的学说，而不是离开实践的抽象的思辨、玄想和臆说，其根本要求就是理论符合实际，服务于实践，为实践所检验，随实践而发展的科学。马克思和恩格斯再三强调，他们的学说不是教条而是行动的指南。他们生前多次根据变化了的实际情况修改自己的某些具体结论，包括以序言的形式修改《共产党宣言》中的某些结论。

求真务实是我党一以贯之的科学精神，是我们党的思想路线的核心内容，也是党的优良传统和共产党人应该具备的政治品格。马克思

主义传到中国后，毛泽东、邓小平、江泽民、胡锦涛、习近平，历代
中国共产党人都坚持了这一理论品格，这也是马克思主义永葆青春的
奥秘。而从我们党的发展历程来看，正是一代代中国共产党人本着求
实思维，正视中国国情，研究时代特点，把马克思主义的普遍原理与
中国的实际结合起来，才建立了中华人民共和国，并开辟了中国特色
社会主义事业。

　　毛泽东同志非常注重求实思维。第一次国内革命战争时期，他在
湖南湘潭、湘乡、衡山、醴陵、长沙五个县作过系统的社会调查。土
地革命时期，他先后在永新、宁冈、寻乌、兴国四个地方作过社会调
查，并写出了《反对本本主义》。抗日战争期间，毛泽东提出了"论
持久战"，就是运用求实思维、科学分析敌我双方力量的结果。对于
实事求是，毛泽东有过很多专门的论述，其中有一段对实事求是的经
典解释。毛泽东在《改造我们的学习》中指出，"实事"就是客观存
在着的一切事物，"是"就是客观事物的内部联系，即规律性，"求"
就是我们去研究。他还比较注重做到用求实思维的方法解决问题。
1941年3月17日，毛泽东在为《农村调查》一书写的第二篇序言中
提出，"要了解情况，唯一的方法是向社会作调查，调查社会各阶级
的生动情况"。要做这件事，"第一是眼睛向下，不要只是昂首望天。
没有眼睛向下的兴趣和决心，是一辈子也不会真正懂得中国的事情
的。""第二是开调查会。东张西望，道听途说，决然得不到什么完全
的知识。"正是因为始终坚持求实思维，毛泽东科学地洞察到了中国
社会的性质问题，并创造性地把马克思主义的基本原理与中国实际相
结合，找到一条有中国特色的"农村包围城市"的革命道路，指导中
国人民实现了新民主主义革命的胜利，丰富和发展了马克思主义。

　　以邓小平为核心的党中央第二代领导集体，继承和发展了毛泽东

思想的精髓，提出了"解放思想、实事求是"，带领党和人民开创了中国特色社会主义。邓小平强调说，"我是实事求是派"，"我读的书并不多，就是一条，相信毛主席讲的实事求是"。他创立的邓小平理论，科学地回答了"建设什么样的社会主义、怎样建设社会主义"的问题。正如习近平同志指出的，邓小平同志留给我们的最重要的思想和政治遗产，就是他带领党和人民开创的中国特色社会主义，就是他创立的邓小平理论。邓小平同志最鲜明的思想和实践特点，就是从实际出发、从世界大势出发、从国情出发，始终坚持我们党一贯倡导的实事求是、群众路线、独立自主。中国特色社会主义是适合中国国情、符合中国特点、顺应时代发展要求的理论和实践，所以才能取得成功，并将继续取得成功。

2. 新时代"实"在何处？

2014年3月9日，习近平同志在中华人民共和国第十二届全国人民代表大会第二次会议安徽代表团参加审议时，关于推进作风建设的讲话中，提到"既严以修身、严以用权、严以律己；又谋事要实、创业要实、做人要实"的重要论述，称为"三严三实"讲话。"三严"和"三实"从不同角度对党员干部提出了明确的要求，"三实"构成了习近平治国理政的求实思维的三个基本方面：

谋事要实。习近平指出，谋事要实，就是要从实际出发谋划事业和工作，使点子、政策、方案符合实际情况、符合客观规律、符合科学精神，不好高骛远，不脱离实际。在这里，求实是谋事的原则要求，是保证战略有效的重要前提。战略方面做到求实思维，要做到以下三点：首先，要从实际出发。认真调查研究，听取群众意见，摸清实际情况，并把客观实际作为谋事的出发点。不能从书本出发，不能从主观愿望出发，不能从过去的或别人的经验出发。第二，要尊重客观规律。规律是事物必然的本质的联系，不可违背，也不可抗拒。我们只能顺应规律，利用规律。不按照客观规律谋事，只能事与愿违。不尊重客观规律，任何事情也办不成。第三，要符合科学精神。这就要求我们无论是谋改革谋发展，还是为人民谋福祉，都要不倦探求，反复论证，尊重事实，服从真理，实事求是，不好高骛远，不脱离实际。

创业要实。习近平指出，创业要实，就是要脚踏实地、真抓实干，敢于担当责任，勇于直面矛盾，善于解决问题，努力创造经得起实践、人民、历史检验的实绩。有了良好的战略设计，还需要战略实施和执行。这就是"创业"环节要做的事。这一环节做到求实思维，首先要真抓实干，"不干，半点马列主义也没有"。干事不干事，是老百姓评价干部的第一把尺子。不干事的人，行动上不干事，思想上几乎也不想干事。运用求实思维，就要自觉克服不干事、干虚事，克服空谈，一干到底。其次要敢于担当，这也是习近平同志提出的好干部的标准之一。所谓敢于担当，就是面对大是大非敢于亮剑，面对矛盾敢于迎难而上，面对危机敢于挺身而出，面对失误敢于承担责任，面对歪风邪气敢于坚决斗争。第三是直面矛盾，也就是说，领导干部创业干事要敢于面对问题、解决问题，而不是躲着问题走、绕开问题。而是有问题解决问题。最后是创造实绩。实绩就是实实在在的政绩、实实在在的效果，不能"只重形式，不重内容；只求表面，不顾实质；只图虚名，不求实效"。这就要求有实招，善于群策群力，开拓创新。

做人要实。习近平指出，做人要实，就是要对党、对组织、对人民、对同志忠诚老实，做老实人、说老实话、干老实事，襟怀坦白，公道正派。这是求实思维对于做人的基本要求。做到这一点，首先要对党和人民忠诚，始终把党和人民放在心中最高位置。中国共产党是中国特色社会主义事业的领导核心，是全心全意为人民服务的政党。这也是中国的最大实际。求实思维就要认可党的领导，积极为党和人民的事业的努力工作，任何时候都与党同心同德。其次是做老实人、说老实话、干老实事。思想务实、生活朴实、作风扎实，尊重科学、尊重实践、尊重规律，诚实守信、言行一致、表里如一，勤勤恳恳工作、努力进取创造。第三是襟怀坦白、胸怀坦荡、正大光明。凡事都从实际出发，从解决问题出发，从人民群众的根本利益出发，不抓辫子，不使绊子。第四是公道正派，处事公道，作风端正。"公道正派"是中华传统文化的精华所在，"政者，正也""公生明廉生威""其身正，不令而行；其身不正，虽令不从"。做到公道正派，就要持守天下为公的理念，坚持原则，遵守法纪，敢于同违法乱纪行为作斗争。

3. 新时代如何"求实"？

十八大以来，以习近平同志为核心的党中央，坚持求实思维，继承了我们党实事求是的优良传统，在如何求实方面，又具有新的特点：

一是直面现实而求。强化问题导向，是以习近平同志为核心的党中央治国理政新理念新思想新战略特别是全面从严治党的一个鲜明特征。正确运用求实思维，首要的一点就是面对现实，面对问题。2013年11月，习近平同志就《中共中央关于全面深化改革若干重大问题的决定》向全会作说明时指出，中央政治局认为，面对新形势新任务新要求，全面深化改革，关键是要进一步形成公平竞争的发展环境，进一步增强经济社会发展活力，进一步提高政府效率和效能，进一步实现社会公平正义，进一步促进社会和谐稳定，进一步提高党的领导水平和执政能力。围绕这些重大课题，我们强调，要有强烈的问题意识，以重大问题为导向，抓住关键问题进一步研究思考，着力推动解决我国发展面临的一系列突出矛盾和问题。树立问题导向，敢于正视问题，不回避问题，才能最终认识问题，进而解决问题。

二是带着全局视野去求。大局观，也就是大局意识要善于从全局高度、用长远眼光观察形势，分析问题，善于围绕党和国家的大事认识和把握大局，自觉地在顾全大局的前提下做好本职工作。是否拥有大局意识，是能否运用好求实思维的重要衡量标准，也是习近平求实思维的突出特点之一。习近平特别注重大局观念，多次强调大局意识。在谈到中国社会发展所面临的种种问题时，他指出，"对这些时代问题，首先要从时代的高度、大局的高度去看待、去研究，科学分析当前在和谐社会建设中所面临的问题和矛盾，分析成因，寻找对策，科学解决。"他还指出，领导干部要以正确的政绩观为指导，抓好各项工作。"功成不必在我"，要甘于做铺垫性的工作，甘于抓未成之事。不是自己开头的不为，一定要刻上自己的政绩印记才干，这不是共产党领导干部的风格。在大局面前，在党和人民的利益面前，我们不能斤斤计较，患得患失。三北防护林等大工程，都是几代人一以贯之而成的。如果有个人的私心杂念，政策朝令夕改，是完成不了的。只有像接力赛一样，一任接着一任干，才能做成大事。

三是从事物发生全过程中求。所谓贯穿全程，就是说，不但决策环节需要坚持求实思维，执行环节也要坚持求实思维，反馈环节同样要坚持求实思维；做事要坚持求实思维，做人也要坚持求实思维；认识层面要坚持求实思维，实践层面也要坚持求实思维。简而言之，求实思维必须贯穿工作各个环节，各个领域。习近平多次提到这一点。在中央深改组第十四次会议上，习近平强调，要把"三严三实"要求贯穿改革全过程，引导广大党员、干部特别是领导干部大力弘扬实事求是、求真务实精神，理解改革要实，谋划改革要实，落实改革也要实，既当改革的促进派，又当改革的实干家。在中央深改组第三十三次会议上，他强调，各级主要负责同志要自觉从全局高度谋划推进改革，做到实事求是、求真务实，善始善终、善作善成，把准方向、敢于担当，亲力亲为、抓实工作。

四是到群众中求。党的思想政治工作有一条生命线，就是群众路线。这条路线的内涵，即"一切为了群众，一切依靠群众，从群众中来，到群众中去"。这条路线告诉我们，群众是求实的根本，既是目标，也是过程。"为了群众"，就是求实的标的，"依靠群众"，就是求实的路径，"从群众中来，到群众中去"，就是求实的全过程。

五是坚持用正确的方法求。坚持求实思维，还必须注重方法。有了方法，才能保证结果。习近平同志指出："改革开放是前无古人的崭新事业，必须坚持正确的方法论，在不断实践探索中前进。"善于牵住"牛鼻子"是习近平多次强调的方法。他多次强调抓重点、抓关键，认为重要领域"牵一发而动全身"，关系到改革大局，是改革的重中之重。抓好涉及重大制度创新的改革，统一行动、毫不松懈，才能以重点突破牵引和带动全局，不断开创改革新局面。其次，他还强调要精准施策。"要注意区分改革举措的性质类型，分类施策、精准施策。要明晰解题思路，明确责任主体、明确关键环节、明确时间节点。"精准施策就是要对准重点和要害发力，本质是抓主要矛盾和矛盾的主要方面，注重顶层设计。2012年12月，习近平在广东考察工作期间提出："改革推进到现在，必须在深入调查研究的基础上提出全面深化改革的顶层设计和总体规划，提出改革的战略目标、战略重点、优先顺序、主攻方向、工作机制、推进方式，提出改革总体方案、路线图、时间表。"习近平的这些方法，成为落实求实思维的有力保障。

二、路线决定成败

树立求实思维，最为重要的就是凡事从历史唯物主义和辩证唯物主义的角度出发，坚持从客观实际出发，确定战略、制定政策、推动工作。求实是认识和改造世界的重要前提，树立求实思维对于建设中国特色社会主义具有重要的意义。

1. 科学把握当代中国的基本实际

十八大以来，以习近平同志为核心的党中央，善于运用求实思维，最突出的表现就是对当代中国社会发展处境的认识。对中国处境的科学认知和客观把握，构成了习近平治国理政思想体系的基石。这一科学认知，集中体现在十九大报告中对当前社会主要矛盾的辩证认识上。

报告明确指出了当下社会主要矛盾的变化。十九大报告指出，中国特色社会主义进入新时代，我国社会主要矛盾已经转化为人民日益增长的美好生活需要和不平衡不充分的发展之间的矛盾。我国稳定解决了十几亿人的温饱问题，总体上实现小康，不久将全面建成小康社会，人民美好生活需要日益广泛，不仅对物质文化生活提出了更高要求，而且在民主、法治、公平、正义、安全、环境等方面的要求日益增长。同时，我国社会生产力水平总体上显著提高，社会生产能力在很多方面进入世界前列，更加突出的问题是发展不平衡不充分，这已经成为满足人民日益增长的美好生活需要的主要制约因素。作为关系全局的历史性变化，当前我国社会主要矛盾的变化对党和国家工作提出了许多新要求，也为全国人民指明了奋斗的方向。

报告又明确指出，"必须认识到，我国社会主要矛盾的变化，没有改变我们对我国社会主义所处历史阶段的判断，我国仍处于并将长期处于社会主义初级阶段的基本国情没有变，我国是世界最大发展中国家的国际地位没有变"。

社会主义初级阶段，是我们党从社会性质和发展阶段上对中国国情所做的全局性、总体性判断。我国处于社会主义初级阶段这一科学论断，包括两层含义：第一，我国是社会主义社会。这是对我国现有社会制度基本性质的总概括和总规定，是我国国情的基本面。第二，我国还处在社会主义初级阶段。我们必须从这个实际出发，而不能超越这一阶段。尽管经过 30 多年的改革开放，中国取得了巨大成就，但不可否认的是中国仍然处于社会主义初级阶段。正如十九大报告所指出的，"必须清醒看到，我们的工作还存在许多不足，也面临不少困难和挑战"。习近平本着求实思维，准确地把握住了这一点，他强调指出："不仅在经济建设中要始终立足初级阶段，而且在政治建设、文化建设、社会建设、生态文明建设中也要始终牢记初级阶段；不仅在经济总量低时要立足初级阶段，而且在经济总量提高后仍然要牢记初级阶段；不仅在谋划长远发展时要立足初级阶段，而且在日常工作中也要牢记初级阶段。"这是新时期中国特色社会主义建设的立足点与出发点。

从全球范围看，尽管经过 30 多年的改革开放，当今的中国已今非昔比，经济总量虽已超过 11 万亿美元，稳居世界第二，但总体上看，我国仍然是发展中国家，与发达国家的差距还十分明显，仍然是世界上最大的发展中国家。人类发展指数是衡量一个国家经济社会发展水平的指标，以"收入水平、教育水平、平均寿命、婴儿死亡率"等变量按照一定的方法计算而成的。联合国开发计划署（UNDP）发布的"2014年度人类发展指数"报告显示，中国（大陆）排第91位，是名副其实的发展中国家。我国人口多，人均国内生产总值只有8000多美元，排在世界第80位左右，相当于世界平均水平的70%。劳动生产率比较低，就业结构层次不尽合理，农业就业人口占总就业人口的比重在30%左右。在生活质量、经济效益、就业结构、科技水平、自主创新能力等方面，我国与发达国家也存在着较大的差距，综合发展水平与发达国家还有相当大的距离。此外，我国城乡差距较大，城镇化率刚刚过半，不仅明显低于发达国家，也低于同等发展程度的国家。

2. 催生当代中国的"全面"布局

认识到"没有变"，是求实思维的一个方面。而认识到新时期的新特点，同样是求实思维的内在要求，构成了求实思维的另一面。十八大以来，以习近平同志为核心的党中央坚持求实思维，在科学认识并把握中国社会主要矛盾变化的基础上，提出了"四个全面"战略，即要对经济社会发展与执政党建设全方位地推进。这个战略布局，是从当代中国的实际作出来的。

经过中华人民共和国成立60多年尤其是改革开放30多年的快速发展，我国生产力水平和综合国力显著提高，人民生活水平和社会保障水平显著提高，尽管从大的历史阶段看，中国仍处在社会主义初级阶段，这是最大的基本国情。但是，不变中有变。2015年1月23日，习近平在中共中央政治局第二十次集体学习时强调，我们"既要看到社会主义初级阶段基本国情没有变，也要看到我国经济社会发展每个阶段呈现出来的新特点"。从具体的经济社会发展阶段看，中国已经进入中等偏上的新发展阶段，具有鲜明的转型色彩，具体表现在三个方面：一是中国正在从上中等收入水平向高收入水平迈进；二是中国已经从中高人类发展水平向高人类发展水平迈进；三是中国将从富裕型消费结构（恩格尔系数在30%—40%之间）向更富裕型（恩格尔系数低于30%）迈进。在此背景下，全面建成小康社会进入决定性阶段，改革步入攻坚期和深水区，国际形势复杂多变，我们党面对的改革发展稳定任务之重前所未有、矛盾风险挑战之多前所未有。如何应对考验？就需要在立足基本国情的基础上提出新的战略。转型前期的发展积累了经验教训、物质基础以及各种准备，同时问题与矛盾也格外凸显。在这种新的历史条件下，我们只有认真把握"四个全面"战略布局和战略重点，才能不断开创中国特色社会主义事业新局面。

从社会主要矛盾来看，经过30多年的持续高速发展，总体上看，人民日益增长的物质文化需要同落后的社会生产之间的矛盾已经大大缓解，正如十九大报告指出的，"我国稳定解决了十几亿人的温饱问题，总体上实现小康"。"我国社会生产力水平总体上显著提高，社会生产能力在很多方面进入世界前列"。但是，新阶段面临的"发展不平衡不充分"的问题则更加突出，"这已经成为满足人民日益增长的美好生活需要的主要制约因素"。从需求的层次来看，广大人民早已经走出了吃饱肚子的阶段，而是进入了一个更为高级的阶段，并且日益呈现多样化、综合化的特点。面对这一实际，2012年，习近平在新一届中共中央政治局常委与中外记者见面会上曾明确指出："人民对美好生活的向往就是我们的奋斗目标。"要达成这一目标，我们党就必须跟上时代发展的脚步，适应这些新期待和新要求，通过推进"四个全面"，找准并解决好人民群众最关心、最急迫、最现实的关键问题，不断满足不同阶层、不同群体、不同地区和不同行业群众的利益诉求。制定"四个全面"战略布局，正是立足于这一实际的结果，是求实思维的具体表现。

在全面建成小康社会进入决定性阶段之际，中国经济社会发展呈现出新的特点，也面临着一些新的问题，主要表现在：发展不平衡不充分的一些突出问题尚未解决，发展质量和效益还不高，创新能力不够强，实体经济水平有待提高，生态环境保护任重道远；民生领域还有不少短板，脱贫攻坚任务艰巨，城乡区域发展和收入分配差距依然较大，群众在就业、教育、医疗、居住、养老等方面面临不少难题；社会文明水平尚需提高；社会矛盾和问题交织叠加，全面依法治国任务依然繁重，国家治理体系和治理能力有待加强；意识形态领域斗争依然复杂，国家安全面临新情况；一些改革部署和重大政策措施需要进一步落实；党的建设方面还存在不少薄弱环节。要解决上述矛盾和问题，根本的出路还是靠发展、靠改革，就要紧紧围绕全面建成小康社会这个奋斗目标的同时，全面深化改革、全面依法治国、全面从严治党协调推进。

3. 为全面从严治党提供基本遵循

求实思维的价值和意义，不仅仅体现在认识和改造客观世界方面，还体现在认识和改造主观世界方面。习近平的求实思维（集中体现在"三严三实"），为广大党员领导干部改造自己的世界观、价值观提出了明确的要求，为全面从严治党提供了基本遵循。

谋事要实、创业要实、做人要实，是习近平求实思维的基本内涵，贯穿着马克思主义政党建设的基本原则和精神，体现了共产党人立身处世的价值内涵和政治品格，对新时期加强党的建设、全面从严治党提供了"全方位、全局性"意义上的基本遵循：在管党治党的内容上，求实思维贯穿于思想建设、组织建设、作风建设、反腐倡廉建设和制度建设各个方面；在管党治党的层面上，从党的中央组织、地方组织，到党的各级基层组织，从党的领导干部、一般干部，到每个普通党员，都必须"谋事要实、创业要实、做人要实"，全面规范自己的行为；在管党治党的实践上，求实思维客观上要求从严治党的长期化、制度化，使从严治党成为党组织建设的常态，成为党员干部的自觉与习惯。

求实思维对中国共产党人的要求，反映了党的性质、宗旨、基本原则和规范在党的建设实践中的根本要求，表明了共产党员特别是党员领导干部按照党章和党规党纪严格约束自己，从严从实规范自己的言行，本身就是全面从严治党的根本要求。"谋事要实、创业要实、做人要实"，更加突出一个"实"字，意味更为深远。全面从严治党，最关键的也是要落到实处，而不是只停留在口号上和书面上。只有这样，党的性质和宗旨才具有感召力，党的执政能力和领导水平才能得到根本上的保证。

从严治党，不是一个空洞的口号，而是具有鲜明的指向性。在不同的历史时期，由于党所面临的问题的不同，从严治党的思路、措施也将有所不同。新形势下，党面临的执政考验、改革开放考验、市场经济考验、外部环境考验是长期的、复杂的、严峻的，精神懈怠危险、能力不足危险、脱离群众危险、消极腐败危险更加尖锐地摆在全党面前。我们党面临的执政环境是复杂的，影响党的先进性、弱化党的纯洁性的因素也是复杂的，党内存在的思想不纯、组织不纯、作风不纯等突出问题尚未得到根本解决。

以习近平同志为核心的党中央，深刻地认识到形式主义、官僚主义、享乐主义和奢靡之风是违背中国共产党的性质和宗旨的，是当前群众深恶痛绝、反映最强烈的问题，也是损害党群干群关系的重要根源。他还多次强调，作风建设永远在路上，永远没有休止符，必须抓常、抓细、抓长，持续努力、久久为功。"各级党委要把作风建设紧紧抓在手上，持续抓好各项整改任务的落实，绝不允许出现'烂尾'工程，决不能让'四风'问题反弹回潮"。习近平的求实思维，针对问题而发，找到了问题的"七寸"。

找到了问题，接下来是解决问题。找到问题需要求实思维，解决问题也需要求实思维。习近平的求实思维，立足当下党的建设中存在的突出问题，特别是那些影响执政党先进性、纯洁性建设的症结性问题，针对性地提出了一整套解决方案，由此促进党的建设适应党的使命和形势变化对执政党发展提出的要求。全面从严治党，还是要从"实"字上下功夫、找出路。习近平多次强调，各级领导干部要"出实策、鼓实劲、办实事，不图虚名，不务虚功"，要"实实在在做人做事，做到严以修身、严以用权、严以律己，谋事要实、创业要实、做人要实"，要"自觉讲诚信、懂规矩、守纪律，襟怀坦白、言行一致，心存敬畏、手握戒尺，对党忠诚老实，对群众忠诚老实，做到台上台下一种表现"，针对性强，抓住了问题的根本。

这一个"实"字，不仅仅针对当下，同样还要结合历史。习近平在中国共产党成立95周年大会上的讲话中，系统回顾我们党所作出的"三个伟大历史贡献"和所实现的"三个伟大飞跃"的基础上，明确提出了三个"不能忘记"，即"不能忘记为什么出发""不能忘记走过的过去"以及"不能忘记走过的路"，并进一步从八个方面向全党发出了"不忘初心、继续前进"的进军号，正是求实思维的重要体现。而回顾历史，正是为了照亮未来。正如习近平所指出的："我们回顾历史，不是为了从成功中寻求慰藉，更不是为了躺在功劳簿上，为回避今天面临的困难和问题寻找借口，而是为了总结历史经验、把握历史规律，增强开拓前进的勇气和力量。"这种对历史的实事求是，回答了全面从严治党向何处去的问题，成为当下全面从严治党的行动指南。

三、思想路线的当代轨迹

求实思维是实践中最为常见的思维方式，也是我们认识世界和改造世界的基础。十八大以来，以习近平同志为核心的党中央，根据时代任务和特点，提出了新时期的求实思维，为我们党各项事业胜利前进提供了重要保障。

1. 新常态下的新一轮改革

十八大以来，我国经济处于"三期叠加"和深层次矛盾凸显阶段。以往发展模式的弊端越来越明显，经济转型的压力也日益迫切。面对"速度情结"和"换挡焦虑"，以习近平同志为核心的党中央，运用求实思维，提出了供给侧结构性改革的方案，并以此作为"培育增长新动能，开创发展新局面"的突破口。

供给侧结构性改革的基本背景有两大方面：一是改革开放 30 多年，中国经济持续高速增长，成功步入中等收入国家行列，已成为名副其实的经济大国；二是随着人口红利衰减、"中等收入陷阱"风险累积、国际经济格局深刻调整等一系列内因与外因的作用，经济发展正进入新常态。在相当长的一段时间内，认识新常态，适应新常态，引领新常态，成为我国经济发展的大逻辑。特别是 2015 年以来，我国经济进入了一个新阶段，主要经济指标之间的联动性出现背离，经济增长持续下行与 CPI 持续低位运行，居民收入有所增加而企业利润率下降，消费上升而投资下降等。一系列现象表明，中国经济的结构性分化正趋于明显。尽管我国经济发展基本面是好的，但面临的困难和挑战不容忽视，主要表现为增速下降、价格下跌、效益下滑等，但在根子上，是深刻的供给侧、结构性、体制性矛盾所致。化解矛盾的根本办法，在于着力加强结构性改革。正如人民日报社论指出，面对经济发展新常态，认识要到位，适应要主动，引领要有为。做经济工作，贵在把握规律、因势而谋、顺势而为。

为适应这种变化，在正视传统的需求管理还有一定优化提升空间的同时，迫切需要改善供给侧环境、优化供给侧机制，通过改革制度供给，大力激发微观经济主体活力，增强我国经济长期稳定发展的新动力。2015 年 11 月，在中央财经领导小组第十一次会议上，习近平首次提出"着力加强供给侧结构性改革"，"在适度扩大总需求的同时，着力加强供给侧结构性改革，着力提高供给体系质量和效率，增强经济持续增长动力，推动我国社会生产力水平实现整体跃升"。2016 年 1 月，中央财经领导小组第十二次会议，习近平再次强调，供给侧结构性改革的根本目的是提高社会生产力水平，落实好以人民为中心的发展思想。2016 年中央政治局第三十次集体学习时，习近平将这项改革形容为"十三五"时期的一个发展战略重点，是"衣领子""牛鼻子"。此后，习近平又在多个场合提到"供给侧结构性改革"。"供给侧结构性改革"业已成为经济领域的高频词汇，改革基本路径也日渐清晰。

供给侧结构性改革实质上就是改革政府公共政策的供给方式，也就是改革公共政策的产生、输出、执行以及修正和调整方式，更好地与市场导向相协调，充分发挥市场在配置资源中的决定性作用。说到底，供给侧改革，就是按照市场导向的要求来规范政府的权力。离开市场在配置资源中的决定性作用谈供给侧改革，以有形之手抑制无形之手，不仅不会有助于经济结构调整和产业结构调整，也会损害已有的市场化改革成果。因此，供给侧结构性改革也被称为"中国改革开放近40年时间里最深刻的一次政府功能转变"。经济结构调整，产业结构调整，要求政府在公共政策的制定和执行上，多方面降低对中国经济的供给约束，使产业、企业的自然活力非受限于作为公共政策供给方的政府约束。

供给侧结构性改革，不只是单纯的经济领域的改革，而是一整套改革举措，是针对现有问题和困境而提出的带有前瞻性的改革方案。国家行政学院经济学部主任张占斌指出，如果供给侧改革搞得好，对于保持中国经济的中高速增长、平稳健康发展，对于产业结构的转型升级意义十分重大，特别是对解决七千万脱贫问题有很实际的意义。可以说，供给侧结构性改革做得好，对于我们全面建成小康社会具有很强烈的现实针对性。

2. 精准扎实的脱贫攻坚

精准扶贫战略，是求实思维的另一运用。要做到精准，最为关键的就是一个"实"字。而精准则是相对于以往的粗放式扶贫而言的。

自20世纪80年代中期，我国开始扶贫开发以来，通过近30年的不懈努力，取得了举世公认的辉煌成就，但是，长期以来贫困居民底数不清、情况不明、针对性不强、扶贫资金和项目指向不准的问题较为突出。随着经济社会整体发展水平的提升，一方面，贫困的标准出现了新的变化，以往的标准已经不再适用于当下；另一方面，既往的扶贫制度设计也存在缺陷，不少扶贫项目粗放"漫灌"，针对性不强，难以做到扶贫资源效益最大化。

正是基于这一背景，十八大以来，以习近平同志为核心的党中央提出了精准扶贫战略。2013 年 11 月，习近平到湘西考察时首次作出了"实事求是、因地制宜、分类指导、精准扶贫"的重要指示。2014 年 1 月，中办详细规制了精准扶贫工作模式的顶层设计，推动了"精准扶贫"思想落地。2014 年 3 月，习近平参加两会代表团审议时强调，要实施精准扶贫，瞄准扶贫对象，进行重点施策。进一步阐释了精准扶贫理念。2015 年，习近平先后在云南、贵州调研扶贫开发工作。这一年 11 月 23 日，中央召开了十八届五中全会之后的首次政治局会议，审议通过了《关于打赢脱贫攻坚战的决定》（以下简称《决定》）。中央严令，要求采取超常规举措，拿出过硬办法，举全党全社会之力，坚决打赢脱贫攻坚战；要逐级立下军令状，层层落实脱贫攻坚责任；还要实行最严格的考核督查问责。这就意味着，未来五年，"7000 万贫困人口必须全部如期脱贫，一个不能剩"。"中国平均每年要减贫超过 1000 万人，每月减贫接近 100 万人"。

新华网在解读这一《决定》时，归纳了六大看点，可以看作是打赢脱贫攻坚战提出的许多"实举措、硬政策"，对于扶贫目标的顺利完成将发挥重要作用。一是贫困县"摘帽不摘政策"。重点县退出后，在攻坚期内国家原有扶贫政策保持不变，可以说是"扶上马，送一程"，充分考虑到了贫困县的实际情况，有助于贫困地区稳步脱贫、避免返贫。二是建档立卡贫困户孩子上高中、中职免学杂费。扶贫先扶智，治贫先治愚。对建档立卡的家庭经济困难学生上高中、中职免除学杂费，有助于缓解他们的上学负担，掌握一技之长，从而带动整个家庭脱贫致富。三是贫困人口全部纳入重特大疾病救助范围。疾病是人类的天敌，在部分贫困地区，因病致贫、因病返贫的比例甚至超过40%。实施健康扶贫工程，可以有效减轻贫困群众医疗费用负担，为脱贫致富打下坚实基础。四是加大"互联网＋"扶贫。在"互联网＋"时代，尽管一些贫困地区可能暂时通不了高速公路，但是可以通上"信息高速公路"，把当地特有的农产品推向更广阔的市场，从而实现就地脱贫致富。五是加大财政扶贫投入力度。从2011年到2015年，中央财政专项扶贫资金从272亿元增长到467.45亿元，几乎翻了一番。尽管当前经济下行压力犹存，但政府对扶贫开发的投入力度不但不会减少，反而会明显增加。六是国开行、农发行设立扶贫金融事业部。两大政策性银行专门设立扶贫金融事业部等一系列政策安排，有望为扶贫开发事业带去更多"源头活水"。

《决定》的"六大看点"充分表明，这是一项真扶贫、扶真贫的"决定"。而从《决定》全文来看，到处都闪现着求实思维的影子。《决定》对扶贫开发的基本原则进行了明确规定，从精准扶贫方略、基础设施建设、政策保障、广泛动员全社会力量、大力营造良好氛围、政治保障等多个角度做出了明确的安排，堪称扶贫开发攻坚战的总体作战规划，为攻坚战赢得胜利奠定了重要基础。

3."三严三实"营造政治生态

2015年4月，中共中央办公厅印发《关于在县处级以上领导干部中开展"三严三实"专题教育方案》，对2015年在县处级以上领导干部中开展"三严三实"专题教育作出安排。

《方案》要求，开展"三严三实"专题教育，要深入学习贯彻党的十八大和十八届三中、四中全会精神，深入学习贯彻习近平同志系列重要讲话精神，紧紧围绕协调推进"四个全面"战略布局，对照"严以修身、严以用权、严以律己，谋事要实、创业要实、做人要实"的要求，聚焦对党忠诚、个人干净、敢于担当，着力解决"不严不实"问题，切实增强践行"三严三实"要求的思想自觉和行动自觉，努力在深化"四风"整治、巩固和拓展党的群众路线教育实践活动成果上见实效，在守纪律讲规矩、营造良好政治生态上见实效，在真抓实干、推动改革发展稳定上见实效。

《方案》强调，坚持从严要求，强化问题导向，真正把自己摆进去，着力解决理想信念动摇、信仰迷茫、精神迷失，宗旨意识淡薄、忽视群众利益、漠视群众疾苦，党性修养缺失、不讲党的原则等问题；着力解决滥用权力、设租寻租，官商勾结、利益输送，不直面问题、不负责任、不敢担当，顶风违纪还在搞"四风"、不收敛不收手等问题；着力解决无视党的政治纪律和政治规矩，对党不忠诚、做人不老实，阳奉阴违、自行其是，心中无党纪、眼里无国法等问题，推动各级领导干部把"三严三实"作为修身做人用权律己的基本遵循、干事创业的行为准则，争做"三严三实"的好干部。

对于这一次专题教育活动，有评论认为，有四个看点：一是"三严三实"锁定的范围更小，将专题教育的目标重点锁定在县处级领导干部。这是因为他们往往是直接管理者，一举一动都与广大群众的利益紧密相关，抓好了对这些干部的专题教育，就能起好承上启下的作用，带好基层干部队伍的风气。二是瞄准的问题更细，着力解决的几类问题，都是县处级以上领导干部的常见"病症"，是"带病"干部最易被击中的七寸。比如，理想信念动摇、宗旨意识淡薄、党性修养缺失等问题；滥用权力、官商勾结、顶风违纪等问题；无视党的政治纪律和政治规矩，心中无党纪、眼里无国法等问题。三是开启的火力更大。《方案》提出，要强化整改落实和立规执纪，坚持边学边查边改，主要领导干部带头，列出问题清单，一项一项整改，进行专项整治，严格正风肃纪。对存在"不严不实"问题的领导干部，立足于教育提高，促其改进；对群众意见大、不能认真查摆问题、没有明显改进的，要进行组织调整。四是找到的支撑更实。《方案》要求，把开展"三严三实"专题教育与做好当前改革发展稳定各项工作结合起来，与完成本地区本部门本单位重点工作任务结合起来，做到专题教育与日常工作有机融合、相互促进，两手抓、两不误。如此，做到与重点工作相结合，专题教育就有了支撑点，看得到"干货"，而不是泛泛而谈。

"三严三实"专题教育活动取得了明显成效。2015 年 9 月，习近平在中共中央政治局第二十六次集体学习时就对此予以了充分肯定。他强调指出，4 月下旬，我们对开展"三严三实"专题教育作出部署以来，各级党委主要抓了集中学习、专题党课、专题研讨、查摆整改4 方面的工作。中央政治局的同志在所在单位、所在地方、所分管领域讲了党课，省部级主要负责同志和市县委书记也讲了党课，讲清楚了不严不实的具体表现和严重危害，也讲清楚了落实"三严三实"要求的具体举措。各地区各部门各单位围绕加强党性修养、坚定理想信念、严守党的政治纪律和政治规矩、实实在在谋事创业做人开展研讨，聚焦不严不实问题，认真查、仔细找，立行立改。"三严三实"专题教育针对性强，是思想、作风、党性上的又一次集中"补钙"和"加油"，使全面从严治党的氛围更浓厚了、领导干部的标杆作用更明显了。与此同时，各个地区的党组织也先后表示，专题教育活动取得了阶段性成效。

第十章
治国理政之形象思维

　　形象思维，主要是指人们在认识世界的过程中，对事物表象进行取舍时形成的，用直观形象分析问题和解决问题的思维方法。形象思维是在对形象信息传递的客观形象体系进行感受、储存的基础上，结合主观的认识和情感进行识别，并用一定的形式、手段和工具创造和描述形象的一种基本的思维形式。形象思维不仅以具体表象为材料，而且也离不开鲜明生动语言的参与。形象思维分为初级形式和高级形式两种。初级形式称为具体形象思维，是主要凭借事物的具体形象或表象的联想来进行思维。高级形式的形象思维，指的是语言的形象思维，它是借助鲜明生动的语言表达特征，以形成具体的形象或表象来解决问题的思维过程，往往带有强烈的情感色彩。党的十八大以来，习近平同志围绕治国理政发表了一系列重要讲话，其讲话在语言表达上独具一格，妙语迭出，形象生动，把马克思主义的文风发挥得淋漓尽致，大大加深了干部群众对其讲话精神的理解。

一、用形象讲话

形象思维是一种思想观点和领导艺术的展现，展示的是看问题的高度和深度。纵观习近平同志一系列重要讲话，有一个重要而明显的特点，就是善于用讲故事、举例子、摆事实等形象的语言方式，语言风格鲜明生动，说真话、实话，说老百姓能听得懂的话，常让人豁然开朗，顿有醍醐灌顶之感。对形象思维运用得炉火纯青，使他的许多语录如今成为热词，成为让广大群众听得进、记得住、传得开、用得上的经典名言。习近平同志的讲话或文稿深入浅出，善于用生动、活泼、形象的例子揭示深刻的道理，具有很强的亲和力和感染力。他的许多比喻，形象贴切、妙趣横生、脍炙人口；他的许多生动事例触及心灵，真正能入耳入脑入心入神，彰显出治国理政的鲜明特色。

1. 用形象讲话接地气

习近平同志讲话最鲜明的一个语言特色是接地气，这与他的亲民作风密不可分，他常用质朴、简单的大白话、大实话来解惑释疑，经常会用一些耳熟能详的民间谚语、歇后语、网络用语等形象化语言作比喻。比如，他用只看"门面"和"窗口"，不看"后院"和"角落"比喻下基层调研只是走马观花；用"既要养血润燥、化淤行血，又要固本培元、壮筋续骨"讲改革辨证施治；用"鞋子合不合脚，自己穿了才知道"比喻一个国家发展道路的选择；用"国家好，民族好，大家才会好"这样朴实无华的话来阐明个人的前途命运与国家、民族的前途命运紧密相连的道理；用"块头大不等于强，体重大不等于壮，有时是虚胖"来比喻说明经济总量离开先进科学技术支撑是不行的；用"缺钙""软骨病"来比喻理想信念的缺失；用"墙头草""推拉门"来描述干部队伍中的好人主义，等等。他在十八届中央政治局常委与中外记者见面时的讲话，一开口就说"让大家久等了"，让人倍感亲切，拉近了领袖与媒体记者的距离；与普通群众的交流中，一句"你比我大，我叫你大姐"，温暖了无数国人的心。他还语重心长地要求领导干部"少出去应酬，多回家吃饭。省下点时间，多读点书，多思考问题，油腻的食物少吃一点对身体还有好处"。这些接地气的群众语言，口语化的表述，让人听起来轻松自然，一扫人们反感的大话、套话、空话和"官话"，这样的话语表述既如长辈，又似邻家兄长，令人如沐春风、耳目一新。

习近平同志深谙国情党情民情，了解百姓生活，他的讲话经常从拉家常似的聊天、谈心式话语开始，话语中充满着亲和力，能一下子拉近与群众的距离，让人倍感亲切和温暖，在不经意中感化人、教育人和引导人。比如，他在十八届中央政治局常委与中外记者见面时的讲话，一开口就说"大家很敬业、很专业、很辛苦"，言语中充满着对别人的理解和关心，一下子就和中外记者零距离接触，便于后面的交流。他又接着说："我们的人民热爱生活，期盼有更好的教育、更稳定的工作、更满意的收入、更可靠的社会保障、更高水平的医疗卫生服务、更舒适的居住条件、更优美的环境，期盼孩子们能成长得更好、工作得更好、生活得更好"。这样的语言没有唱高调和喊口号，而是一种触及人们心灵的沟通交流，很容易引起群众共鸣。他在讲话中提出的一批通俗易懂但又思想深邃的语言，如"踏石留印、抓铁有痕"、"空谈误国、实干兴邦"、"打铁还需自身硬"、"把权力关进制度的笼子"、"治大国若烹小鲜"等，既接地气，又有丰富的内涵，让人听来如沐春风，深受教育。

2. 让事实说话更具说服力

习近平同志经常采用举例子和讲故事的方法，用事实来说话，显得生动形象。比如，在墨西哥演讲中，用米卢带领中国足球闯进世界杯比赛和墨西哥跳水队在中国教练指导下拿下好成绩两个事例，阐述了两国人民的友好交往；在哈萨克斯坦演讲时，讲述了冼星海在阿拉木图创作的故事，还讲述了中哈两国人民交往的两个故事，一个是半世纪后儿子找母亲，另一个是海南大学哈萨克斯坦留学生无偿献血，感人至深；在莫斯科的演讲时，他用抗日战争时期苏联飞行大队长库里申科同中国人民并肩作战的例子来说明两国人民相互支持和帮助；在坦桑尼亚演讲时，讲了一对中国年轻人如何热爱非洲的故事，在讲到中非关系和中非人民的亲密关系时，举了中国电视剧《媳妇的美好时代》在坦桑尼亚热播的例子，以寻常百姓生活的点点滴滴，拉近了两国人民的距离；等等。这些故事和事例真实感人，生动有趣，它胜于一切空洞无物的说教，使很多歪理在一个个事例面前不攻自破，有很强的说服力和巨大的宣传效应，人们自然而然地受到感染，这就是形象思维的魅力。

3. 形象思维褒贬色彩鲜明

在习近平同志系列重要讲话中，问题始终是导向，他以强烈的忧患意识和高度的责任感、使命感与紧迫感，谈问题总是开门见山，刀刀见血，实事求是地讲问题、摆现象，敢于亮剑、敢于"唱黑脸"，把政治生活中的种种现象用形象的语言表达出来。比如，他经常列举干部队伍作风方面存在的突出问题，坚决反对自由主义、分散主义、好人主义、个人主义；讲到一些干部特权思想、违反党内政治生活，可谓痛心疾首；讲到许多领导干部习惯于听好话，看好脸，喜欢报喜不报忧，在原则问题上表现圆滑，可谓恨铁不成钢；对一些党员干部理想信念缺失、不敢担当的种种样子，包括有的干部信奉拉帮结派的"圈子文化"，整天琢磨拉关系、找门路等不正之风等等，习近平同志都一针见血，毫不留情地加以抨击，还时不时地引用一些至理名言，不回避矛盾和问题，不隔靴搔痒隔山打牛，这种马克思主义实事求是的政治勇气和政治气魄，为新形势下加强和规范党内政治生活提供了重要遵循和提供了光辉的典范。

用形象说话，既有鲜明的褒贬色彩，也展现讲话人的真性情。习近平同志常常用充满灵性的语言抒发内心汹涌澎湃的家国情怀，他号召"生活在我们伟大祖国和伟大时代的中国人民，共同享有人生出彩的机会，共同享有梦想成真的机会，共同享有同祖国和时代一起成长与进步的机会，有梦想，有机会，有奋斗，一切美好的东西都能够创造出来"；每一篇文稿或者讲话，都流淌着一种真情实感，语言文字充满灵气，充满真性情。他曾谈到"回首历史，我仿佛听到了山间回荡的声声驼铃，看到了大漠飘飞的袅袅孤烟"，"当我透过飞机舷窗俯瞰浩瀚的太平洋时，仿佛看见几个世纪前那些满载丝绸、瓷器的'中国之船'正向着阿卡普尔科破浪前行；当我踏上贵国的土地时，又仿佛看见那位传说中的乐善好施的美丽'中国姑娘'正在普埃布拉传授纺织、刺绣技术"等等。多么富有诗意的语言啊！这是习近平同志发自内心的热爱祖国、热爱人民、热爱生活的赤子情怀和家国情怀的最好诠释，展现的是他的一片真性情。

二、形象思维的实践及理论价值

形象思维的意义和价值在于其具有很强的亲和力和感染力，能够引起群众的共鸣与支持。党的十八大以来，习近平同志发表了一系列重要讲话，其独特的富有个性化的语言风格，充满了语言魅力，运用形象的语言回答了一些重大理论和现实问题，以形象思维促进和谐发展，开辟了治国理政新境界，开创了党和国家事业发展新局面，得到了广大干部群众的衷心拥护，在国际国内都产生重大影响。我们要站在改革开放和社会主义现代化建设大的时代背景下，领会和把握习近平新时代中国特色社会主义思想的深层思维。

1. 用形象思维克服党八股

八股指的是八股文，是 15 世纪到 19 世纪中国封建王朝考试制度规定的一种特殊文体。这种文章的每一段落都要死守固定的格式，连字数都有限制，考生只能按照题目的字数敷衍成文。八股文实际上是一种没有内容，专讲形式的文字游戏，是封建统治者愚弄和奴化知识分子的一种手段。党八股指革命队伍中某些人所写的文章。这种文章对于事物不加分析，只是搬用一些革命的名词术语，言之无物，空话连篇，如同"八股文"，所以称之为"党八股"。投机主义者为了推行他们的错误路线，总是利用这种党八股做他们的宣传工具。因此，文风问题从来就不是单纯的语言文字或写作技巧问题，而是一个学风、党风的问题，是同一定的思想路线和政治路线密切联系的。《反对党八股》是毛泽东同志于1942年2月在延安干部会议上所作的重要报告。概括指出党八股有八大罪状，引出对党八股八大罪状的分析批判。具体分析批判党八股的八大罪状及其危害，并提出纠正的办法。这是我们党倡导马克思主义文风，反对党八股的重要文献。习近平同志坚持马克思主义文风，科学运用形象思维，用生活化、大众化的语言来讲述我们党的方针、政策，为各级领导干部提供了学习的榜样。

早在任浙江省委书记时，习近平同志就对一些不会说话的干部提出批评：他们与新社会群体说话，说不上去；与困难群体说话，说不下去；与青年学生说话，说不进去；与老同志说话，给顶了回去。学习习近平同志的形象思维、讲话的语言风格和特点，避免当年毛泽东所说的"只有死板板的几条筋"，让自己的讲话真正说得上去、说得下去、说得进去，增强讲话的语言魅力、吸引力、感染力和感召力，这对于当前各级领导干部来说是十分重要的。下面就习近平同志一系列形象思维的提出与运用做简要梳理。

习近平同志在参观《复兴之路》基本陈列时指出，"空谈误国，实干兴邦"。要求全党同志反对党八股，切实做到讲实话、干实事，敢作为、勇担当，言必信、行必果，以实际行动为实现中华民族伟大复兴的中国梦而努力奋斗。他的这个理念具有很强的现实针对性，一切为了人民群众的利益，从大局发展出发，党员干部要在"实"字上狠下功夫，真正做到为民造福、为党尽责，把落脚点放到办实事、求实效上。

2. 提振当代中国人的精神状态

中国共产党由小到大、由弱到强，不断从胜利走向胜利，一方面靠的是全心全意为人民服务、为人民利益而奋斗的正确方向，另一方面靠的是在坚定信仰激励下形成的勇于抗争、不断拼搏的精神状态。坚持和发展中国特色社会主义，既需要富足的物质生活，更离不开丰富的精神生活。以习近平同志为核心的党中央领导集体，以强烈的使命感和责任感，坚定而郑重地向各级领导干部提出了作风建设与精神状态的新要求。习近平同志提出信仰是共产党人精神上的钙，缺钙就要得软骨病，生动而形象地阐明了信仰对于共产党人的重要性；提出实现中华民族伟大复兴的中国梦，传播了巨大正能量，鼓舞了全体中华儿女为伟大目标而奋斗的精神状态；提出开展群众路线教育实践活动，集中解决形式主义、官僚主义、享乐主义和奢靡之风等问题，使全体党员干部的思想与行为正在经受一次政治洗礼；提出"老虎苍蝇一起打"，彰显了从严治党、从严治吏的坚定决心，对顽强奋斗、干事创业的广大干部群众起到了撑腰提气的作用。纵观习近平同志系列重要讲话，无不贯穿着一位坚定的马克思主义者的理想追求，一位真正的共产党人的政治本色，一位大国领导人的人格魅力，归根结底意在激发和唤起全党的蓬勃朝气、昂扬锐气、浩然正气，使全党全国人民精神为之一振，面貌为之一新，信心为之大增。

3. 切实推进各项事业发展

党的十八大指出："在改革开放三十多年一以贯之的接力探索中，我们坚定不移高举中国特色社会主义伟大旗帜，既不走封闭僵化的老路、也不走改旗易帜的邪路。中国特色社会主义道路，中国特色社会主义理论体系，中国特色社会主义制度，是党和人民九十多年奋斗、创造、积累的根本成就，必须倍加珍惜、始终坚持、不断发展。"这个论断，既是对中国特色社会主义理论和实践经验的总结和归纳，更是在新的起点上高举中国特色社会主义伟大旗帜的理论和实践要求。党的十八大之后，习近平同志运用形象思维，多次指出了中国特色社会主义道路厚重的历史底蕴。习近平同志还指出，中国特色社会主义道路不是从天上掉下来的，是党和人民历尽千辛万苦、付出各种代价取得的根本成就。习近平同志对中国特色社会主义道路论述上的创新，为中国特色社会主义理论体系注入了时代精神和新的内涵。习近平同志指出：中国特色社会主义道路是科学社会主义基本原则与中国实际和时代特征相结合的产物。这一道路根植于中国大地，反映了中国人民意愿，适应了中国和时代发展进步要求。习近平同志指出，独特的文化传统、独特的历史命运、独特的基本国情，注定了我们必然要走适合自己特点的发展道路。作为一名党员领导干部，只有不断增强中国特色社会主义的道路自信、理论自信、制度自信和文化自信，不断提高党性修养，才能"强筋健骨"，在困难和挑战面前站稳脚跟，才能自觉运用科学理论武装头脑、指导实践、推动工作。

三、形象思维让治国理政的实践鲜活起来

习近平的语言形象生动、语惊四座，波澜不惊，字字句句紧扣着国人的心灵，显现出一种自信大气、从容淡定、沉着稳健的大家风范，展示了大国领袖的亲和力和感染力，为群众树立起共产党人的良好形象，在国际社会展现出我们应有的大国风范与担当。党的十八大以来，习近平同志发表了系列重要讲话，内涵深刻、可读性强，说真话、实话，语言充满着温和、平易近人，让广大群众想听、爱听、愿听。回顾习近平从政以来所著的《摆脱贫困》《干在实处走在前列》《之江新语》和《习近平谈治国理政》等，无不展现出独特的形象语言风格和思想魅力。

1. 从严治党——打铁还需自身硬

在反腐倡廉方面，习近平有一句形象生动比喻被广泛引用，"把权力关进制度的笼子"。笼子，是存放物品、圈养动物的器具，本为生活物品，也常比喻对某一对象的约束、限制等。习近平同志在十八届中央纪委第二次全会上指出：要加强对权力运行的制约和监督，把权力关进制度的笼子里，形成不敢腐的惩戒机制、不能腐的防范机制、不易腐的保障机制。习近平同志把制度形象地比喻成"笼子"，意在对一切滥用权力行为的约束与监督，尤其是强调要正确行使权力。要真正做到把权力关进制度的笼子里，务必要教育党员干部摆脱权力困境、要完善制度和加强监督，让权力为人民服务。让人民监督权力，让权力在阳光下运行。

打铁还需自身硬。习近平同志系列重要讲话中，提到新形势下，我们党面临着许多严峻挑战，党内存在着许多亟待解决的问题时，用了一句老百姓的话——"打铁还需自身硬"，告诫全党要"切实解决自身存在的突出问题，切实改进工作作风，密切联系群众"。习近平同志运用形象思维，用"打铁还需自身硬"作喻领导干部执政能力，之所以强调"打铁还需自身硬"，是因为在领导干部和广大党员队伍中，部分党员干部党性觉悟较低，还存在打铁自身不硬的情况。习近平同志的讲话意义深远，发人深省，只有勤学苦练、以身作则，才能做到"打铁能够自身硬"。

革命理想高于天。习近平同志有个形象的比喻："理想信念是共产党人精神上的'钙'。"共产党人任何时候都要坚定对马克思主义的信仰，对共产主义和社会主义的信念，对党和人民的忠诚。然而，确有一些共产党员随着事业的发展和地位的提高，失去了理想，动摇了信念，"革命理想高于天"的崇高追求在他们心目中成了笑谈和空谈。如一些党员干部中存在及时行乐的思想、贪图私利的行为、无所作为的作风，以及一些党员干部中发生的贪污腐败、脱离群众以及"四风"等问题，都是由于失去了理想，动摇了信念所致。正因为此，习近平同志强调"革命理想高于天"，很有现实意义，每位党员都应该从中找到差距，明确努力方向，为信仰而拼搏奋斗。

2. 提高党的领导水平——治大国若烹小鲜

发扬钉钉子的精神，一张好的蓝图一干到底。习近平同志用钉钉子的例子形象指出："钉钉子往往不是一锤子就能钉好的，而是要一锤一锤接着敲，直到把钉子钉实钉牢，钉牢一颗再钉下一颗，不断钉下去。如果东一榔头西一棒子，结果很可能是一颗钉子都钉不上、钉不牢。"形象地说明党员干部工作能否做实做深做细，考验的是党员干部这枚"钉子"的锐度和硬度，考验的是党员干部的责任担当，也就是说只有以高度负责的态度，才能把钉子钉得准、钉得牢、钉得深。党的十八届三中全会以来，中央先后出台一大批有力度、有分量的改革方案，各地区各部门积极推动改革落地生根，习近平同志要求领导干部要有"功成不必在我"的精神，紧紧盯住一些发展难题和影响民生的热点问题，只要是科学的、切合实际的、符合人民意愿的，就要一张蓝图绘到底，一茬接着一茬干，善抓善成，善始善终，真正发挥好党员干部这枚钉子"尖而硬"的示范带动作用，干出实绩来。

治大国若烹小鲜。2013 年 3 月 19 日，习近平接受金砖国家媒体联合采访时，他说道：对我来讲，人民把我放在这样的工作岗位上，就要始终把人民放在心中最高的位置，牢记人民重托，牢记责任重于泰山，要有"如履薄冰，如临深渊"的自觉，要有"治大国如烹小鲜"的态度，丝毫不敢懈怠，丝毫不敢马虎，必须夙夜在公、勤勉工作。习近平同志运用形象思维，把治理国家比喻成做一道新鲜菜肴，说出了国家治理应该秉持的理念和精神，既不能操之过急，也不能太怠慢；不能多加搅动，不能做得太咸，也不能做得过淡；油盐酱醋等佐料要刚刚好，火候也要恰到好处。引用《道德经》的"治大国若烹小鲜"，旨在强调要把事情办好，既不能操之过急，也不能松弛懈怠，治理大国尤其如此。

3. 反腐倡廉——苍蝇老虎一起打

照镜子、正衣冠、洗洗澡、治治病。2013 年 6 月 18 日，习近平同志在党的群众路线教育实践活动工作会议讲话中以"照镜子、正衣冠、洗洗澡、治治病"为总要求。形象地指出教育实践活动要以党章为镜，对照党的纪律、群众期盼、先进典型，问问自己究竟能力够不够、作风正不正、工作实不实、为官清不清，知不足然后奋进；按照为民务实清廉的要求，勇于正视缺点和不足，严明党的纪律，敢于触及思想、正视矛盾和问题，看一看自己的言行举止是否符合党章和群众的要求；以整风的精神开展批评和自我批评，深入分析发生问题的原因，清洗思想和行为上的灰尘，坚定理想信念，干干净净做事，清清白白做人；坚持惩前毖后、治病救人方针，区别情况、对症下药，针对作风方面存在的突出问题的干部进行教育提醒，找出"病症"，找准"病灶"，对症下药，真正把作风改好。

"苍蝇"、"老虎"一起打。习近平同志用"老虎"、"苍蝇"比喻腐败分子："老虎"是指位高权重的腐败分子及影响极大，对党和国家造成极大损失的大案要案；"苍蝇"是指职位不是很高的腐败分子，他们小腐巨贪、吃拿卡要、徇私枉法，老百姓同样深恶痛绝。坚持

"老虎"、"苍蝇"一起打，表明了中国共产党坚决查处不正之风和腐败问题的坚定决心，既坚决查处领导干部违纪违法案件，又切实解决发生在群众身边的不正之风和腐败问题。习近平同志强调，"要坚持党纪国法面前没有例外，不管涉及到谁，都要一查到底，决不姑息。"对于高层或者实权部门的贪污腐败等现象，给社会造成恶劣影响的案件必须要高度重视，严肃查处。

踏石留印、抓铁有痕。"踏石留印"、"抓铁有痕"，原指人们踏石、抓铁要留下印记、痕迹。习近平同志借用"踏石留印"、"抓铁有痕"比喻做事情不达目标不罢休，如果做，就一定要做好的精神。意在强调我们党持续深入抓作风建设、反腐倡廉的坚定决心，善始善终，防止虎头蛇尾，让全党全体人民来监督，让人民群众不断看到实实在在的成效和变化。突出新一届中央领导集体做事一抓到底的狠劲和韧劲。"踏石留印、抓铁有痕"，是习近平同志敢于负责、真抓实干、求真务实工作作风的最好诠释，当下，我们就是要以"踏石留印，抓铁有痕"的标准和劲头，切实把工作抓得扎扎实实、结结实实，确有成效。

4. 深化改革——用好看得见的手与看不见的手

改革只有进行时没有完成时。"改革开放只有进行时没有完成时"，说明改革开放是一项长期的、艰巨的、繁重的事业。这一论述，高度概括了改革开放的巨大作用，深刻阐述了坚持改革开放对决定中国命运的重大意义。习近平同志指出：改革开放是决定当代中国命运的关键一招，也是决定实现"两个100年"奋斗目标、实现中华民族伟大复兴的关键一招。这里的两个"关键一招"，都是方法论的具体体现。他明确指出："改革开放是前无古人的崭新事业，必须坚持正确的方法论，在不断实践探索中推进。摸着石头过河，是富有中国特色、符合中国国情的改革方法。"习近平同志从方法论高度概括改革开放的重大历史作用，高度评价一些具体改革措施，为我们战胜前进道路上的矛盾和困难提供了科学方法和思想武器。

改革再难也要向前推进。习近平在中央十八届三中全会上着重强调了改革的重要性。他提出，中国改革经过 30 多年，已经进入深水区，这就要求我们的胆子要大、步子要稳，再难也要向前推进，敢于担当，找准方向、稳步推进。此后，他又在十八届中央政治局第二次集体学习、中共十八届三中全会第二次全体会议、省部级主要领导干部学习贯彻十八届三中全会精神研讨班、接受俄罗斯电视台主持人专访等多种重要场合，对全面深化改革进行了深刻的阐述。他指出，改革的军号已经吹响了，我们的总目标就是完善和发展中国特色社会主义制度，推进国家治理体系和治理能力现代化。经过长期探索，我们已经找到一条适合中国国情的正确发展道路，只要我们坚定不移走自己的路，就一定能战胜一切困难，实现我们的目标。

"看不见的手"和"看得见的手"都要用好。2014 年 5 月 26 日，习近平同志在主持就市场在资源配置中起决定性作用和更好发挥政府作用进行第十五次集体学习时强调，"在市场作用和政府作用的问题上，要讲辩证法、两点论，'看不见的手'和'看得见的手'都要用好，努力形成市场作用和政府作用有机统一、相互补充、相互协调、相互促进的格局，推动经济社会持续健康发展"。习近平运用形象思维，用"看得见的手"比喻政府，"看不见的手"比喻市场。用好"看不见的手"，就是要发挥市场的资源配置功能，实现资源合理高效配置，提高劳动生产率。用好"看得见的手"，就是让政府的宏观调控作用，有效克服市场配置资源的失灵现象，克服市场的自发性、盲目性和滞后性缺陷，从而实现资源合理配置。

5. 生态文明建设——绿水青山就是金山银山

绿水青山就是金山银山。2013 年 9 月 7 日，习近平同志在哈萨克斯坦纳扎尔巴耶夫大学发表演讲并回答学生们提出的问题，在谈到环境保护问题时他指出："我们既要绿水青山，也要金山银山。宁要绿水青山，不要金山银山，而且绿水青山就是金山银山。"这三句话分别从思维、态度两个层面简单、清晰、形象地阐释了生态环境的重要性，同时对于经济建设和美丽中国的建设提供了一个实现路径。2015 年 4 月，《中共中央国务院关于加快推进生态文明建设的意见》出台，对生态文明建设进行全面部署，强调加快建立系统完整的生态文明制度体系，用制度保护生态环境。2015 年 9 月，中共中央、国务院印发了《生态文明体制改革总体方案》，其中明确"树立绿水青山就是金山银山的理念"，表达了我们党和政府大力推进生态文明建设的鲜明态度和坚定决心。

宁肯不要钱，也不要污染。众所周知，习近平高度重视生态文明建设，无论是在中央还是在地方工作期间，都对生态文明建设发表过许多重要论述。早在 1985 年，习近平在担任河北正定县县委书记期间，主持制订了《正定县经济、技术、社会发展总体规划》，特别强调："宁肯不要钱，也不要污染，严格防止污染搬家、污染下乡。"三十年前以如此鲜明和概括的语言，提出了对传统发展理念的突破，表达了人与自然和谐相处的重要思想。同时指出资源开发不能单纯讲经济效益，有些干部把"发展是硬道理"片面地理解为"经济增长是硬道理"，把经济发展简单化为 GDP 决定一切。习近平认为环境就是民生，那种要钱不要命的发展，那种先污染后治理、先破坏后恢复的发展，再也不能继续下去了。提倡我们要像保护眼睛一样保护生态环境，像对待生命一样对待生态环境。

为子孙后代留下可持续发展的"绿色银行"。习近平同志考察海南时，用"绿色银行"比喻生态环境，呼吁我们每位公民都要自觉履行法定植树义务，科学种植，加大人工造林力度，扩大森林面积，提高森林质量，增强生态功能，保护好每一寸绿色，为子孙后代留下可持续发展的"绿色银行"。习近平十分关心海南生态文明建设，每到一地都要同当地干部共商生态环境保护大计。他提出，青山绿水、碧海蓝天是建设国际旅游岛最强的优势和最大的本钱，是一笔既买不来也借不到的宝贵财富，必须倍加珍爱、精心呵护。他希望海南处理好发展和保护的关系，着力在"增绿"、"护蓝"上下功夫，为全国生态文明建设做个表率。

第十一章
治国理政之互联网思维

　　有人称，互联网是人类 20 世纪最伟大的发明，也是 20 世纪给人类带来最大变化的科技成果。因为互联网的出现，遥远的世界变得触手可及；因为互联网的出现，客观世界的一切关系都出现了重组；因为互联网的出现，经济社会的发展大大提速。2015 年 12 月 16 日，习近平在浙江省乌镇视察"互联网之光"博览会时指出，互联网是 20 世纪最伟大的发明之一，给人们的生产生活带来巨大变化，对很多领域的创新发展起到很强带动作用。互联网发展给各行各业创新带来历史机遇。要充分发挥企业利用互联网转变发展方式的积极性，支持和鼓励企业开展技术创新、服务创新、商业模式创新，进行创业探索。鼓励企业更好服务社会，服务人民。要用好互联网带来的重大机遇，深入实施创新驱动发展战略。十九大报告更是明确要求，广大领导干部要"善于运用互联网技术和信息化手段开展工作"。事实上，随着互联网的全面普及，互联网不仅成为社会生活中的重要工具，也正在成为我们党治国理政的重要平台和媒介。或者说，执政党和政府用互联网思维把互联网与治国理政紧密地联系起来。

一、互联网思维让治国理政"刷关注"

2013 年 11 月 3 日，中央电视台新闻联播头条播出了《互联网思维带来了什么》，以海尔空调和小米手机的井喷式销售为例，展示了信息交流、知识分享的互联网思维给中国制造业带来的巨变。2014年，机械工业出版社出版了一本由深度参与互联网经营的经理人陈光锋编著的《互联网思维：商业颠覆与重构》一书，书中提炼了互联网商业运作时 12 种核心思维：标签思维、简约思维、No.1 思维、产品思维、痛点思维、尖叫点思维、屌丝思维、粉丝思维、爆点思维、迭代思维、流量思维、整合思维。仔细分析这 12 种核心思维，会发现，这些思维方式更多是侧重于对互联网商业化运作的思考，是网络"屌丝"、"粉丝"，以及互联网经理人在互联网上的思维模式。那么，作为拥有发达互联网的国家的执政党，则应该从什么角度思考互联网在治国理政中的意义作用呢？具体到中国，这个拥有世界上最庞大的互联网和网民的国家，该拥有什么样的互联网思维模式呢？

1. 互联网思维关注人民，注重亿万网民的获得感

2014 年 2 月 7 日，习近平在接受俄罗斯电视台专访时谈及"执政理念"时说："我的执政理念，概括起来说就是：为人民服务，担当起该担当的责任。"这一执政理念同样体现在习近平的互联网思维上。正如有媒体指出的，谈及网络，习近平对"人民"二字看得很"重"。习近平同志从国家宏观战略的高度出发，深刻阐释了网信事业的本质特征，即网信事业的人民性。习近平强调，"网信事业要发展，必须贯彻以人民为中心的发展思想"。在第二届世界互联网大会开幕式上，

他说："我们的目标，就是要让互联网发展成果惠及13亿多中国人民，更好造福各国人民。"2016年4月19日的座谈会上，他强调，"网络空间是亿万民众共同的精神家园"，"网民来自老百姓，老百姓上了网，民意也就上了网。群众在哪儿，我们的领导干部就要到哪儿去"，"各级党政机关和领导干部要学会通过网络走群众路线，经常上网看看，了解群众所思所愿，收集好想法好建议，积极回应网民关切、解疑释惑"，"让互联网成为了解群众、贴近群众、为群众排忧解难的新途径，成为发扬人民民主、接受人民监督的新渠道。对网上那些出于善意的批评，对互联网监督，不论是对党和政府工作提的还是对领导干部个人提的，不论是和风细雨的还是忠言逆耳的，我们不仅要欢迎，而且要认真研究和吸取"，"让亿万人民在共享互联网发展成果上有更多获得感"。一言以蔽之，在习近平眼中，网络是新时期治国理政的重要工具，也是落实为人民服务理念的重要工具。

"凝聚共识工作不容易做，大家要共同努力。"习近平指出，网上网下要形成同心圆。什么是同心圆？就是在党的领导下，动员全国各族人民，调动各方面积极性，共同为实现中华民族伟大复兴的中国梦而奋斗。形成同心圆，最为关键的一个环节还是群众观，即怎么看待网络时代的群众。用习近平的话说，"网民来自老百姓，老百姓上了网，民意也就上了网。群众在哪儿，我们的领导干部就要到哪儿去"，"各级党政机关和领导干部要学会通过网络走群众路线，经常上网看看，潜潜水、聊聊天、发发声"，"善于运用网络了解民意、开展工作，是新形势下领导干部做好工作的基本功"。

一言以蔽之，网络时代，群众还是那些群众，所不同的只是增加了一个网络而已。同样，对于共产党人来说，宗旨还是那个宗旨，全心全意为人民服务。党的宗旨并不会因为外在环境的变化而发生变化，因为这是共产党区别于其他政党的核心标志。习近平互联网思维的提出，明确了网络条件下党与人民的关系问题，为网络时代执政能力的巩固与提高，创造了最为可贵的前提和基础。

2. 互联网思维关注创新，推动"互联网＋"

习近平指出，"按照创新、协调、绿色、开放、共享的发展理念推动我国经济社会发展，是当前和今后一个时期我国发展的总要求和大趋势，我国网信事业发展要适应这个大趋势，在践行新发展理念上先行一步，推进网络强国建设，推动我国网信事业发展，让互联网更好造福国家和人民"。作为一个新事物，互联网对经济社会转型来说，是一个难得的机遇。习近平的互联网发展思维，就是把互联网与整个经济社会发展联结起来，成为经济社会发展的引擎。"互联网＋"就是在这样的思维理念中提出来的。

2015 年 7 月，国务院颁布了《关于积极推进"互联网＋"行动的指导意见》，吹响了全面推进"互联网＋"战略的号角。党的十八届五中全会又提出，要拓展发展新空间，用发展新空间培育发展新动力，用发展新动力开拓发展新空间。其中，把"互联网＋"列入"十三五"规划产业的发展主线，提出"拓展网络经济空间，实施'互联网＋'行动计划，发展物联网技术和应用，发展分享经济，促进互联网和经济社会融合发展。实施国家大数据战略，推进数据资源开放共享。"习近平指出，"我国经济发展进入新常态，新常态要有新动力，互联网在这方面可以大有作为。要着力推动互联网和实体经济深度融合发展，以信息流带动技术流、资金流、人才流、物资流，促进资源配置优化，促进全要素生产率提升，为推动创新发展、转变经济发展方式、调整经济结构发挥积极作用"。2017 年 2 月，习近平同志主持召开中央全面深化改革领导小组第三十二次会议，审议通过《关于推进公共信息资源开放的若干意见》，强调进一步强化信息资源深度整合，进一步促进信息惠民，进一步发挥数据大国、大市场优势，促进信息资源规模化创新应用，着力推进重点领域公共信息资源开放，释放经济价值和社会效应。

3. 互联网思维关注网络安全，着力打造安全的国家网络空间

"网络安全和信息化是相辅相成的。安全是发展的前提，发展是安全的保障，安全和发展要同步推进。"习近平同志在多次讲话中反复强调网络安全的重要性。并亲自担任 2014 年 2 月 27 日成立的中央网络安全和信息化领导小组的组长。在网络安全和信息化领导小组的第一次会议上，习近平将网络安全的重要性提升到了与国家安全相提并论的高度，"没有网络安全就没有国家安全"。此后，在多个场合，习近平同志多次对网络安全作出指示，"树立正确的网络安全观"；"网络安全为人民，网络安全靠人民，维护网络安全是全社会共同责任"；"加快提高网络管理水平，加快增强网络空间安全防御能力，加快用网络信息技术推进社会治理，加快提升我国对网络空间的国际话语权和规则制定权，朝着建设网络强国目标不懈努力"。

可管、可控是世界各国发展网络的一项重要原则，如何维护网络安全？习近平给出了明确的答案：一靠法治，二靠人民。他强调，要抓紧制定立法规划，完善互联网信息内容管理、关键信息基础设施保护等法律法规，依法治理网络空间，维护公民合法权益。他指出，网络安全为人民，网络安全靠人民，维护网络安全是全社会共同责任，需要政府、企业、社会组织、广大网民共同参与，共筑网络安全防线。"网络空间安全"已被国家确立为电子信息领域的 4 个重大项目

之一；规划面积 40 平方公里的"国家网络安全人才与创新基地"已
落户武汉，产学研一体化的"中国网络安全谷"不再停留于纸面。

4. 互联网思维关注政民互动，着力推动政治文明进步

对于政治建设，互联网的突出意义在于拓展了政民互动的广度和
深度，创新了政民互动的新模式，从而在更大程度上实现了政治的民
主化，在满足人民群众政治权利的同时，让政治机制运作更有效、有
力。以"互联网＋政务服务"为核心，习近平提出了"要以信息化
推进国家治理体系和治理能力现代化"、"统筹发展电子政务"、"各级
党政机关和领导干部要学会通过网络走群众路线"、"让百姓少跑腿、
信息多跑路"等重要论述，为新时期的政治建设指明了方向。

从政治建设角度看，互联网的作用主要体现在三个方面：一是拓
展了国家政策、大政方针的传播范围，其开放包容的特点在广大民众
参政热情高涨的背景下塑造着新的政治文化，从而有助于加强国家意
识形态建设，维护清明的政治生态。二是互联网丰富了政府服务民众
的方式和渠道，线上互动对线下互动形成了有力的补充，政府与公众
的互动日益简洁化、高效化、亲切化，在凸显服务型政府的同时，提
高了政府执政能力。三是在日常宣传和舆论引导上，为党委政府提供
便利，对于重大问题能够做到"即时回应"，大大缩短了矛盾与隔阂
持续的时间和空间，有助于树立和塑造党委和政府的良好形象。

习近平强调，"各级党政机关和领导干部要学会通过网络走群众
路线，经常上网看看，了解群众所思所愿，收集好想法好建议，积
极回应网民关切、解疑释惑"；"要强化互联网思维，利用互联网扁平
化、交互式、快捷性优势，推进政府决策科学化、社会治理精准化、
公共服务高效化，用信息化手段更好感知社会态势、畅通沟通渠道、

辅助决策施政。各级领导干部要学网、懂网、用网，积极谋划、推动、引导互联网发展"。这些精辟论断，是对网络时代领导干部工作的重要参考。

5. 互联网思维关注社会文化，着力建设清朗的网络空间

互联网对于社会转型的支撑是全方位的，互联网对整个社会转型的影响也是涵盖社会全体的。互联网同样为文化建设和社会建设的大发展提供了前所未有的机遇。

习近平指出，网络空间是亿万民众共同的精神家园。网络空间天朗气清、生态良好，符合人民利益。网络空间乌烟瘴气、生态恶化，不符合人民利益。我们要本着对社会负责、对人民负责的态度，依法加强网络空间治理，加强网络内容建设，做强网上正面宣传，培育积极健康、向上向善的网络文化，用社会主义核心价值观和人类优秀文明成果滋养人心、滋养社会，做到正能量充沛、主旋律高昂，为广大网民特别是青少年营造一个风清气正的网络空间。

习近平的论述，对网络空间进行了明确的定位，使之与以往的工作有机衔接了起来。"做好网上舆论工作是一项长期任务，要创新改进网上宣传，运用网络传播规律，弘扬主旋律，激发正能量，大力培育和践行社会主义核心价值观，把握好网上舆论引导的时、度、效，使网络空间清朗起来。"

互联网在大力推进文化建设的同时，更是社会力量的孵化器。网络不只是理念宣传、知识与思想的普及场所，还是行动的平台。网络具有强大的动员能力。近年来，在抗灾抢险、社会救助、公民道德建设、社会组织培育等方面，网络的社会动员和社会整合能力都有着不俗的表现。特别是随着改革持续推进，中国社会面貌和社会结构发生

了巨大的变化，网络推动下社会力量的崛起，在公权力不及和不足之处起到了"补位"的作用，对中国社会的全面发展和进步的意义不容忽视。对此，只要呵护得当，善于激发这些力量，就能够使之成为中国特色社会主义事业的重要建设力量。

在评价中国互联网的治理取得的成绩时，国家互联网信息办公室副主任任贤良认为，"一方面国内网络空间治理成效显著，围绕习近平提出的'让网络空间清朗起来'的总目标，主管部门充分应用法治思维和法治方式探索管网之道，加强网络立法，严格网络执法，引导网络企业和网民遵法守法，大力推进网络空间法制化。同时，推动互联网治理从以管为主到管用结合的转变，有效规范了网络行为，维护了网络秩序，净化了网络环境，维护了网民的权益"。而网络秩序的形成，核心是网络与线下的对接，目标则是对网络正向作用的挖掘与肯定。

二、互联网思维为治国理政带来新气象

互联网无处不在，互联网思维同样遍布于各个领域。十八大以来，在党中央大力发展互联网的背景下，经济政治文化社会各领域，都涌现出不少顺应互联网发展潮流、体现互联网思维的经典范例。

1. 为中国经济转型发展注入新动力

互联网已经成为建设现代化经济体系的重要支撑，世界经济加速向以网络信息技术产业为重要内容的经济活动转变。十八大以来，我们运用互联网思维紧紧把握这一历史契机，以信息化培育新动能，用

新动能推动新发展，充分发挥互联网的作用，推动互联网和实体经济深度融合，在中高端消费、创新引领、绿色低碳、共享经济、现代供应链、人力资本服务等领域培育新增长点，拓展了经济发展新空间，使之成为中国经济转型发展的新动能。

2015 年 3 月 5 日，第十二届全国人民代表大会第三次会议开幕式提出了"互联网 +"行动计划，被认为是"互联网 +"战略上升至国家战略。"互联网 +"行动计划，推动移动互联网、云计算、大数据、物联网等与现代制造业结合，促进电子商务、工业互联网和互联网金融健康发展，引导互联网企业拓展国际市场。2016 年，我国信息化及相关领域规划陆续出台，信息化步入快速发展、深化应用的战略机遇期。7 月，《国家信息化发展战略纲要》发布，对未来十年我国信息化发展作出战略部署。12 月，国务院印发《"十三五"国家信息化规划》，明确了未来五年我国信息化发展方向和路径。《国务院关于深化制造业与互联网融合发展的指导意见》《全国农业现代化规划(2016—2020 年)》《国务院办公厅关于促进和规范健康医疗大数据应用发展的指导意见》等均把信息技术创新应用作为推动行业发展的重要内容。各地结合需求和优势纷纷制定信息化发展"十三五"规划。信息化与经济社会各领域的融合步伐将进一步加速，在我国经济转型升级中的动力引擎作用将得到充分发挥。

2. 走网上群众路线，大力建设政务新媒体

十八大以来，在习近平互联网思维的指引下，各级党委政府坚持走网上群众路线，大力推进政务新媒体建设，依托互联网技术平台，拓展政务服务的广度和深度，成为互联网思维的重要体现。

一是推进政府网站向智能化政务平台转变。政府网站建设推出的

时间最早。早期，政府网站主要功能是信息发布，扮演的角色主要是政府的一个窗口。随着互联网技术的进化，尤其是党和政府对互联网的重视，政府网站开始向智能化政务平台转变，政府网站正由单一资讯提供功能的"内容导向"，向网上业务受理与办事功能的智能化"电子政务导向"平台发展。2013 年 9 月，新上线的中纪委网站在开通后第一个月里，点击量达 3000 万次，成为网民第一时间了解中央反腐动态的权威窗口。2014 年 3 月，全新改版的中国政府网正式上线运行，网民查找信息和服务的便捷度明显提升，政府信息更公开透明，服务内容上更加突出回应社会关切。自 2016 年起，国务院办公厅对全国政府网站进行常态化抽查通报，每 3 个月按照一定比例随机抽查 1 次，重点检查网站可用性、内容更新、互动回应和服务实用等情况。当年 8 月，国务院第三次大督查宣布启动，在"深化放管服改革"这一项督查内容中，明确规定了要督查"推行'互联网＋政务服务'，实现部门间数据共享，推动部门间业务协同，取消不必要的证明和手续等情况"。

二是精耕细作政务微博，即时、互动提升政务服务。政务微博主要指代表政府机构和官员的、因公共事务而设的微博，用于收集意见、倾听民意、发布信息、服务大众的官方网络互动平台。其目的主要在于通过与公众的良性互动，搭建一个社会化参政、议政、问政的网络交流模式与平台。

随着微博的兴起，党委和政府适时把自己的工作也搬到了微博上。政务微博在政府信息公开和舆情应对体系中仍处于重要地位，在时效性、服务性、互动性和线上线下联动等方面相较于传统平台优势明显。自 2009 年至今，政务微博已经有了 8 个年头。截至 2016 年底，经过新浪平台认证的政务微博达到 16.4 万个，成为政民互动的最为重要的纽带之一。一大批优秀的政务微博涌现出来，比如 @ 公安部打四黑除四害、@ 上海发布、@ 平安北京、@ 江宁公安在线等。与此同时，一些地区还发展了政务微博大厅，实现了各部门、各系统的协调一致。

2016 年 6 月，山东省潍坊市交警支队在其官方政务微博视频直播交警夜查的执法现场，在线观看人数达 3 万多人次。除了潍坊，河南郑州城管直播街头执法、山东烟台一镇党委书记直播推销樱桃等均引发舆论围观。随着各级政务微博运营能力的成熟，依托于政务微博的服务体系也在不断完善。政府部门利用微博"网上收集网情、网下解决问题"，已然成为舆情应对工作的一种常态。

三是布局政务微信，政务服务关注网民。微信是微博之后网民最为推崇的一个社交平台。依托 qq 庞大的用户规模推广，加上功能创新，微信在短时间内就积累了海量的用户。当前，微信日登录用户超过 7 亿人次。 面对这一形势，广大党政机关目光跟着网民走，在精耕细作政务微博的同时，把政务新媒体的阵地拓展到微信领域。

经过两年多的发展，政务微信已经走过最初的摸索期，开始步入全面发展阶段。中央到地方、到基层，影响力强、活跃度高的公众账号不断涌现，"百家争鸣""百花齐放"的局面已然形成。"共产党员""国资小新"等，成为中央级政务微信的一面旗帜。"平安北京""上海发布""贵州发布""最后一公里"等，是地方政务新媒体的佼佼者。"沈阳新社区""山水怀柔""广州妇幼保健院"等，突出面向百姓的贴心服务，引领着基层政务新媒体的发展方向。

2015 年 4 月，腾讯发布的《"互联网 +"微信政务民生白皮书》称，政务微信功能定位从"第三种政务公开途径"升级成为政府与民生、人与公共服务之间的"连接器"，平均每个政务微信公众号关注用户数超过 3.6 万，基本覆盖政府部门主要职能，其中，公安、医疗微信总量规模强势领先，合计占 36.7%；80.4% 的用户称政务微信提高公众参与度。

清华大学教授沈阳指出，政务微信的未来发展可归纳为"421"模式：轻悦化、数据新闻化、社群化、联盟化成为政务微信发展的四大方向，供给侧和需求侧的双向改革成为政务微信的转型重点，大数据则成为政务微信未来发展的一个基本点。

四是建设政务 APP 新载体。一日千里，是互联网时代的重要特点。继微博、微信之后，APP 又成为一个大众化的时髦产品。与此同时，政务 APP 也成为"互联网＋政务服务"的新载体，"两微一端"的说法，也由此形成。

12306 铁路系统的政务 APP 因其实用性，下载量居高不下。"国务院 APP"，也吸引众多网民下载。2016 年 6 月，中山大学联合支付宝发布《"互联网＋政务"报告（2016）：移动政务的现状与未来》，据其显示，国内 70 个样本城市中有 69 个城市不同程度地通过政务 APP 提供"互联网＋政务服务"，而依托支付宝平台提供政务服务的城市达到 347 个，基本覆盖了所有地级市及以上城市。

随着越来越多的平台出现，政务新媒体早已超出了"两微一端"的布局。2016 年 9 月 14 日召开的国务院常务会议部署推进"互联网＋政务服务"。9 月底，国务院印发《关于加快推进"互联网＋政务服务"工作的指导意见》提出，到 2017 年底前，建成一体化网上政务服务平台；2020 年底前，建成覆盖全国的整体联动、部门协同、省级统筹、一网办理的"互联网＋政务服务"体系。在有关部门的大力推动下，一方面，各个平台的政务新媒体有了融合的态势；另一方面，各种政务社群开始形成，以"国资微沙龙""纪委＆媒体对接社群"为代表的政务社群，聚集了多家政府机构、企业代表、媒体及社会各界机构代表，实现了政界、学界、业界的跨界联动，成为政务新媒体的新形式。

3. 持续管网治网，建设网上共有精神家园

"建设网络良好生态，发挥网络引导舆论、反映民意的作用"，"我们要本着对社会负责、对人民负责的态度，依法加强网络空间治理，加强网络内容建设"……以习近平同志为核心的党中央，深知管网治网的重要性，通过一系列持续的举措和措施，培育了风清气正的网络生态，为网络强国营造了良好的网络环境。

一是各种专项行动让网络空间清朗。2013 年 8 月，加"V"的音乐人吴虹飞因发布"炸建委"的微博被罚行政拘留 10 日，在网络上引起广泛的关注。一条假消息，一旦由网络名人发出，危害则大大增加。为此，国家互联网信息办公室举办了"网络名人社会责任论坛"，拉开了管网治网的序幕。座谈会上达成了坚守"七条底线"共识，即法律法规底线、社会主义制度底线、国家利益底线、公民合法权益底线、社会公共秩序底线、道德风尚底线和信息真实性底线。

2014 年 4 月，为依法严厉打击利用互联网制作传播淫秽色情信息行为，全国"扫黄打非"工作小组办公室、国家互联网信息办公室、工业和信息化部、公安部发布公告，决定自 2014 年 4 月中旬至 11 月，在全国范围内统一开展打击网上淫秽色情信息"扫黄打非净网 2014"专项行动。2014 年以后，这一专项行动得到了持续的开展。在全国统一部署下，各地各有关部门迅速行动起来，多查案、查大案，一大批大案要案被查处通报，得到了广大干部群众的拥护和支持，网络空间越来越干净清朗。社会各界普遍表示，网上淫秽色情信息严重影响

民众尤其是孩子们的身心健康，希望专项行动不断保持高压态势，有关部门积极联动，持续对有关网站进行全面清查，不给有害信息留下网络传播空间，还网络一片晴空。

二是依法治网，推进网络空间法治化。互联网思维的一个重要方面就是法治思维，通过法治思维和法治的方式，治理互联网，使用互联网。正如习近平所强调的："要抓紧制定立法规划，完善互联网信息内容管理、关键信息基础设施保护等法律法规，依法治理网络空间，维护公民合法权益。""要坚持依法治网、依法办网、依法上网，让互联网在法治轨道上健康运行。"

党的十八届三中全会将互联网发展纳入全面深化改革的布局，明确要求加快完善互联网管理领导体制改革。提出坚持积极利用、科学发展、依法管理、确保安全的方针，加大依法管理网络力度，完善互联网管理领导体制。党的十八届四中全会更明确将"依法治网"纳入"依法治国"的范畴，明确提出："加强互联网领域立法，完善网络信息服务、网络安全保护、网络社会管理等方面的法律法规，依法规范网络行为。"

随着顶层设计的推开，一系列法律法规的制定和完善提上日程。一方面，全局性、根本性的立法开始启动。中央网信办牵头编制"互联网立法规划"，统筹协调并积极推进网络安全法、电信法、电子商务法、未成年人网络保护条例等重要法律法规立法进程；包括《刑法修正案（九）》《中华人民共和国电信条例》《计算机软件保护条例》《信息网络传播权保护条例》等在内的相关法律、法规、规章和司法解释加快出台。尤其是 2016 年 11 月 7 日，先后经过三次审议的《中华人民共和国网络安全法》在十二届全国人大常委会第二十四次会议上获高票通过，标志着依法治网迈出了重要的一步。另一方面，在充分发挥立法引领和保障作用的同时，面对互联网新技术新产品新应用瞬息万变的发展变化，以及由此带来的新现象新问题，一系列有针对性的规范管理文件及时出台，涵盖门户网站、搜索引擎、网址导航、微博微信、移动客户端、云盘、用户账号、应用程序、直播平台等各个方面。这些规章制度，充分体现了引导和规范相结合、鼓励和监督相统一的原则。明确了政府部门的监管责任，抓住了企业主体责任，更调动起公众共同参与管网治网的积极性，构建了多方共治、良性互动的治理新局面。

三是互联网治理常态化、持续化。网络治理已成为社会治理的重要组成部分，法律法规逐渐完善，各项工作成效明显。对于淫秽低俗信息、网络谣言、网络敲诈、有偿删帖等一些危害大的网络痼疾，相关管理部门立足"反复抓、抓反复"，连续出击，坚决遏制，形成了良好的治理态势。从短期来看，专项治理行动、有针对性的集中治理取得了立竿见影的效果；从长期来看，通过各个专项行动单元延续的、全面的治理，形成常态化的网络监管，已经成为网络治理的主要模式。而重视网民素养教育、加强技术手段支持、完善相关法制程序等多层面工作的开展，都将进一步推动治网常态化和制度化。

互联网治理常态化的另一个表现在于，各种管网治网举措能够与时俱进，与各种网络问题齐头并进。针对广大网民反映强烈、举报集中的重点环节、重点内容，网络主管部门及时开展"清朗2016"专项行动，包括涉"少年儿童类 APP 集中整治""搜索引擎环节专项整治""网址导航网站专项治理"等八大主题，及时回应了民意。此外，针对网络直播的各种乱象，2016 年 8 月到 10 月，公安部在全国范围内专项整治网络直播平台，剑指网络直播乱象。随后在 11 月，国家网信办又发布《互联网直播服务管理规定》，提出对主播实施"实名制＋黑名单"措施，被称为"最严新规"。对于网络舆论关注度非常高的"魏则西事件"、百度深夜推广赌博网站事件、标题党现象，相关部门都主动介入调查，并出台《互联网广告管理暂行办法》《互联网信息搜索服务管理规定》等新规，反应之迅速，可以说是互联网思维的鲜明体现。

社会力量与网民成为网络治理的重要主体之一，也是网络治理常态化、持续化的重要标志。2016年，"政企合作、群防群治"成为网络安全与治理的有益创新和成功实践，多主体的网络治理格局正在建立。最典型的例子莫过于，企业大数据的作用在网络治理中得到发挥。国务院打击治理电信网络新型违法犯罪部际联席会议办公室与阿里巴巴集团联合开发钱盾反诈平台，阿里神盾局与浙江绍兴公安局合作查处最大盗号软件平台，腾讯与公安部刑侦局合作开发鹰眼系统和麒麟系统……政府与企业联合，向网络黑灰产业链全面发起攻坚战。网民也开始以更加成熟理性的心态看待互联网治理问题，自觉抵制网络不良信息，主动提供有建设性的建议，成为网络治理的积极参与者。网络治理的联防共治是一种社会治理的创新，其最大特点就是调动社会力量参与到社会治理中来，用社会力量去治理社会问题，反而能收到奇效。

三、习式风格的互联网思维

习近平对互联网的重视，既有现实考虑，又有战略考量。党的十八大以来，习近平提出了一系列"网络治理观"，闪耀着习式风格。习近平的互联网思维，主要包括以下几个方面：

1. 实施网络强国战略，让成果惠及全民

对于互联网的重要性，习近平有着清醒的认知；对于我国互联网存在的问题，习近平也一针见血地指出。2014 年 2 月 27 日，习近平主持召开中央网络安全和信息化领导小组第一次会议时指出："信息化和经济全球化相互促进，互联网已经融入社会生活方方面面，深刻改变了人们的生产和生活方式。我国正处在这个大潮之中，受到的影响越来越深。我国互联网和信息化工作取得了显著发展成就，网络走入千家万户，网民数量世界第一，我国已成为网络大国。同时也要看到，我们在自主创新方面还相对落后，区域和城乡差异比较明显，特别是人均带宽与国际先进水平差距较大，国内互联网发展瓶颈仍然较为突出。"他还明确指出："建设网络强国，要有自己的技术，有过硬的技术；要有丰富全面的信息服务，繁荣发展的网络文化；要有良好的信息基础设施，形成实力雄厚的信息经济；要有高素质的网络安全和信息化人才队伍；要积极开展双边、多边的互联网国际交流合作。建设网络强国的战略部署要与'两个一百年'奋斗目标同步推进，向着网络基础设施基本普及、自主创新能力显著增强、信息经济全面发展、网络安全保障有力的目标不断前进。""建设网络强国，要把人才资源汇聚起来，建设一支政治强、业务精、作风好的强大队伍。'千军易得，一将难求'，要培养造就世界水平的科学家、网络科技领军人才、卓越工程师、高水平创新团队。"

2. 促进互联网和经济社会融合发展

习近平指出："信息化和经济全球化相互促进，互联网已经融入

社会生活方方面面，深刻改变了人们的生产和生活方式。我国正处在这个大潮之中，受到的影响越来越深。"中国正处于社会转型期，正在迅速从工业社会向信息社会跨越。如何才能抓住转型机遇同时避免转型陷阱，习近平的互联网思维为我们把握这一问题提供了有力的帮助。

纵观世界文明发展，从农业革命、工业革命到信息革命，每一次产业技术革命，都给人类生产生活带来巨大而深刻的影响。自 1969 年 9 月人类首次实现计算机之间数据传输，短短的 40 多年里，互联网已有席卷全球、影响人类生活方方面面之势。在传统行业带动经济社会发展逐步乏力之际，以互联网经济为代表的新兴行业日益受到世界各国的重视。对于这一趋势，习近平洞若观火。

习近平的互联网思维，既切中了当下中国经济现状，又指明利用互联网驱动创新发展助推经济转型的方向。习近平明确指出，要充分发挥企业利用互联网转变发展方式的积极性，支持和鼓励企业开展技术创新、服务创新、商业模式创新，进行创业探索。鼓励企业更好服务社会，服务人民。要用好互联网带来的重大机遇，深入实施创新驱动发展战略。在第二届世界互联网大会开幕式上，习近平再次强调，当前，世界经济复苏艰难曲折，中国经济也面临着一定下行压力。解决这些问题，关键在于坚持创新驱动发展，开拓发展新境界。中国正在实施"互联网+"行动计划，推进"数字中国"建设，发展分享经济，支持基于互联网的各类创新，提高发展质量和效益。2016 年 4 月 19 日，习近平在网信工作座谈会上发表讲话之后，以"互联网+"为代表的网信事业更是将大众创业、万众创新推向了新高潮，激活千千万万市场细胞活跃起来，亿万人民的聪明才智被充分调动，激发千千万万创客应运而生。

在国家信息化专家咨询委员会委员、国家行政学院教授汪玉凯看来，"互联网＋"本质是"互联网2.0＋创新2.0"，"互联网＋"和任何行业融合以后能创造出很多的新业态、新的经济增长模式。现在提出创新驱动战略，在很大程度上是借助互联网这个新载体，再加上思维创新，将给经济发展提供前所未有的活力，释放巨大的能量。所以这个意义上来讲，是无处不在的网络，无处不在的计算，无处不在的软件，无处不在的数据，无处不在的"互联网＋"。我们提出"互联网＋"行动计划，再加上建设网络强国这样的大目标，这对未来中国经济社会发展将会产生深刻影响。

3. 网络安全与信息化"双轮驱动"

中央在关于《中共中央关于全面深化改革若干重大问题的决定》的说明中明确指出，"网络和信息安全牵涉到国家安全和社会稳定，是我们面临的新的综合性挑战"。从实践看，面对互联网技术和应用飞速发展，现行管理体制存在明显弊端，主要是多头管理、职能交叉、权责不一、效率不高。同时，随着互联网媒体属性越来越强，网上媒体管理和产业管理远远跟不上形势发展变化。特别是面对传播快、影响大、覆盖广、社会动员能力强的微客、微信等社交网络和即时通信工具用户的快速增长，如何加强网络法制建设和舆论引导，确保网络信息传播秩序和国家安全、社会稳定，已经成为摆在我们面前的现实突出问题。如何加快完善互联网管理领导体制？习近平认为，"没有网络安全就没有国家安全，没有信息化就没有现代化"。网络安全和信息化是一体之两翼、驱动之双轮，必须统一谋划、统一部署、统一推进、统一实施。做好网络安全和信息化工作，要处理好安全和发展的关系，做到协调一致、齐头并进，以安全保发展、以发展促安全，努力建久安之势、成长治之业。

随着互联网在人们日常生活中的作用越来越重要，网络执政能力已经成为党的执政能力的重要组成部分，在很大程度上影响着党的执政能力。巩固和加强党的执政能力，就必须重视网络条件，重视互联网时代的网络治理能力。习近平互联网思维的启示就是，以法管网治网，积极推进网络空间的法治化。

"互联网不是法外之地"。习近平在多个场合提到这一观点。他明确指出："网络空间是亿万民众共同的精神家园。网络空间天朗气清、生态良好，符合人民利益。网络空间乌烟瘴气、生态恶化，不符合人民利益。""整天乱哄哄的，那就什么事也办不成。"对此，他进一步指出，要本着对社会负责、对人民负责的态度，依法加强网络空间治理，为广大网民特别是广大青少年营造一个风清气正的网络空间。形成良好网上舆论氛围，不是说只能有一个声音、一个调子，而是说不能搬弄是非、颠倒黑白、造谣生事、违法犯罪，不能超越了宪法法律界限。

依法治网是国际上的重要经验，也是我们党巩固和加强党的执政能力、强化党的领导的内在要求。依法治国是我们党的基本治国方略，也是四个全面的重要组成部分。法治思维内在于习近平的互联网思维，构成了其互联网思维的一个重要方面。在全面依法治国的大背景下，面对新兴且还在持续壮大的网络虚拟空间，必须强化法治思维，重视发挥法律的规范调整作用，切实依法决策、依法办事，依法推动网络空间深化改革、创新发展，通过法治秩序巩固互联网内生的健康秩序，努力形成一个各方认可、有效运行的互联网行为规范。

4. 构筑容纳批评、汲取民智的网络平台，推动领导干部转变思维方式与价值观念

随着互联网深度介入人们的生产与生活，网络空间已经成为广大人民群众最为重要的公共空间。这一公共空间的生态是否良好，不仅直接影响着广大人民的生活质量，同时还关乎党的领导和党的形象。2013年8月19日，习近平在全面宣传思想工作会议上发表重要讲话指出："根据形势发展需要，我看要把网上舆论工作作为宣传思想工作的重中之重来抓。宣传思想工作是做人的工作的，人在哪儿重点就应该在哪儿。我国网民有近六亿人，手机网民有四亿六千多万人，其中微博用户达到三亿多人。……必须正视这个事实，加大力量投入，尽快掌握这个舆论战场上的主动权，不能被边缘化了。"2014年2月27日，习近平在主持召开中央网络安全和信息化领导小组第一次会议时又指出："要抓紧制定立法规划，完善互联网信息内容管理、关键信息基础设施保护等法律法规，依法治理网络空间，维护公民合法权益。""做好网上舆论工作是一项长期任务，要创新改进网上宣传，运用网络传播规律，弘扬主旋律，激发正能量，大力培育和践行社会主义核心价值观，把握好网上舆论引导的时、度、效，使网络空间清朗起来。"2016年4月19日，习近平在北京主持召开网络安全和信息化工作座谈会时，进一步指出："建设网络良好生态，发挥网络引导舆论、反映民意的作用。""网民来自老百姓，老百姓上了网，民意也就上了网。群众在哪儿，我们的领导干部就要到哪儿去"。

互联网具有去中心化的特点，把表达权赋予了普罗大众。并且，随着市场经济的深入发展，利益格局的重新组合，现实中的多元也会在互联网上折射出来。面对这一新的变化，正确的方式不是压制民

意、强求一律，反而更需要包容的胸怀和开放的思维，需要更为细致的工作。

习近平指出，对广大网民，要多一些包容和耐心，对建设性意见要及时吸纳，对困难要及时帮助，对不了解情况的要及时宣介，对模糊认识要及时廓清，对怨气怨言要及时化解，对错误看法要及时引导和纠正，让互联网成为了解群众、贴近群众、为群众排忧解难的新途径，成为发扬人民民主、接受人民监督的新渠道。对网上那些出于善意的批评，对互联网监督，不论是对党和政府工作提的还是对领导干部个人提的，不论是和风细雨的还是忠言逆耳的，我们不仅要欢迎，而且要认真研究和吸取。

网民大多数是普通群众，来自五湖四海，各自经历不同，观点和想法不同可以说是自然而然的事情。并且，从另外一个角度看，互联网拓展了群众路线的方式和渠道。网络时代，足不出户，同样可以"从群众中来到群众中去"，同样可以收集群众的意见、倾听群众的呼声、集纳群众的智慧。因此，正确对待网络批评，对于广大党员领导干部来说，起码要做的是转变观念。而这正是习近平互联网思维的指向所在。正如人民日报评论员文章指出的，对网络批评，领导干部要本着有则改之、无则加勉的态度，不能"老虎屁股摸不得"。对网上那些出于善意的批评和监督，不论是和风细雨的还是忠言逆耳的，我们都要积极听取、真心接受。这也是加强和改善党的领导的内在要求。

5. 为网络空间国际合作指明方向

当今世界，以互联网为代表的信息技术日新月异，引领了社会生产新变革，创造了人类生活新空间，拓展了国家治理新领域，极大提高了人类认识世界、改造世界的能力。网络空间在经济发展、文化传播和国际关系中发挥着越来越重要的作用，深刻影响着一个国家的整体安全和发展利益。网络空间合作也成为国际合作的重要组成部分。各国在网络空间互联互通，利益交融，休戚与共。维护网络空间和平与安全，促进开放与合作，共同构建网络空间命运共同体，符合国际社会的共同利益，也是国际社会的共同责任。

党的十八大以来，以习近平同志为核心的党中央也深刻地认识到了这一点，在高度重视互联网发展和治理的基础上，以勇立潮头、心系全球、敢为天下先的气概和胸襟，坚持实践创新、理论创新，深化对国际互联网建设规律、国际互联网发展规律和国际互联网协同治理规律的认识，形成一系列关于国际互联网治理和共建网络空间命运共同体的新理念新思想新战略。习近平指出，"国际社会应该在相互尊重、相互信任的基础上，加强对话合作，推动互联网全球治理体系变革，共同构建和平、安全、开放、合作的网络空间，建立多边、民主、透明的全球互联网治理体系"。"我们应该坚持尊重网络主权，尊重各国自主选择网络发展道路、网络管理模式、互联网公共政策和平等参与国际网络空间治理的权利。"这些系统论述，明确指出了网络空间国际合作、国际互联网治理和共建网络空间命运共同体的理论框架和推进路径，深刻回答了新形势下国际互联网发展的一系列重大理论和现实问题，丰富和发展了国际互联网发展和治理理论体系，为加快推进网络空间国际合作以及共建网络空间命运共同体提供了科学理论指导和行动指南。其中一个重要标志就是，中央网络安全和信息化领导小组的成立。这一小组规格高、力度大、立意远，统筹指导中国迈向网络强国的整体发展战略，被视为中国网络强国正式开启"顶层设计"。此后，习近平利用历史唯物主义对网络空间的自主与秩序、安全与发展、共享与协作等突出问题进行了回答。2015年12月16日，在第二届世界互联网大会开幕式上，习近平强调，"网络空间是人类共同的活动空间，网络空间前途命运应由世界各国共同掌握。各国应该加强沟通、扩大共识、深化合作，共同构建网络空间命运共同体"，并就此明确提出"五点主张"。主张通过积极有效的国际合作，共同构建和平、安全、开放、合作的网络空间，建立多边、民主、透明的国际互联网治理体系，共建网络空间命运共同体。

互联网思维不仅是一种思维，同时还体现在一些最基本的制度设计中。党的十八大以来，以习近平同志为核心的党中央高度重视互联网发展，在运用互联网思维知网管网用网的实践中，摸索形成了一些基本制度。这些制度不同于具体的管网用网实践，但却闪耀着互联网思维，极具实践意义，成为推动网络空间国际合作的实践基础。2016年11月，全国人大常委会高票通过了《中华人民共和国网络安全法》，为国际互联网发展提供了"中国方案"。2017年3月1日，中国发布《网络空间国际合作战略》，用四项原则、六大目标、九大行动计划，向世界清晰描绘了中国面向全球网络空间的宏伟蓝图，为"构建网络空间命运共同体"提出中国主张。

在与各国展开网络空间的合作过程中，中国尊重各国自主选择网络发展道路、网络管理模式、互联网公共政策和平等参与国际网络空间治理的权利，不搞网络霸权，不从事、纵容或支持危害他国国家安全的网络活动。中国在联合国、上合组织、二十国集团、金砖国家、亚太经济合作组织等国际框架和多边机制内加强协调配合，积极开展双边、多边国际交流合作，参与国际互联网规则制定，拓展国际互联网发展空间，推动建立互联网国际互信对话机制；在移动通信、下一代互联网、云计算、大数据、物联网、网络安全等关键技术和重要领域，积极参与国际标准制定。这些渗透着互联网思维的基本法律、制度和政策，为推动国际互联网治理体系良性发展、构建网络空间命运共同体创造了实践基础，也增强了中国在推动网络空间国际合作共建中的合法性、权威性和主导性。

后 记

为深入学习《习近平谈治国理政》等习近平同志一系列重要著述，掌握贯穿其中的各种思维方式，由中共海南省委副书记李军同志领衔，组织全省知名专家，经过近一年的努力，撰写出《治国理政的思维艺术》一书。

全书由李军同志担任主编，彭京宜、傅治平同志担任副主编。李军同志明确了本书的写作思路及具体内容，并对写作大纲提出了指导性意见。编委会全体成员撰写了具体章节，后由主编、副主编进行数次修订与统稿，最终由李军同志审定。

本书具体分工如下：李军（第四章、第六章），彭京宜（第七章、第八章），傅治平（第一章、第十一章），王明初（第三章），江彩云（第五章、第九章），李辽宁（第二章），郭晓帆（第十章）。

本书是海南省马克思主义理论研究和建设工程重点资助项目。从课题立项到最终成果成书，获得了各方面的扶持：既有来自海南省委宣传部的立项与资助，又有海南省党的建设研究会不遗余力的组织协调，更有人民出版社的全力支持。在此，表示我们的衷心感谢！书中不完善之处，敬请广大读者批评指正。

作 者

2017 年 12 月

组　　稿：张振明
责任编辑：郑牧野　郑　治
封面设计：王欢欢
责任校对：杜凤侠

图书在版编目（CIP）数据

治国理政的思维艺术／李军　主编．—北京：人民出版社，2018.2
ISBN 978－7－01－018970－3

I. ①治…　II. ①李…　III. ①中国特色社会主义－社会主义建设模式－研究

IV. ① D616

中国版本图书馆 CIP 数据核字（2018）第 029858 号

治国理政的思维艺术
ZHIGUO LIZHENG DE SIWEI YISHU

李 军　主编

人 民 出 版 社 出版发行
（100706　北京市东城区隆福寺街 99 号）

北京汇林印务有限公司印刷　新华书店经销

2018 年 2 月第 1 版　2018 年 2 月北京第 1 次印刷
开本：710 毫米 ×1000 毫米 1/16　印张：15.75
字数：160 千字　印数：00,000－10,000 册

ISBN 978－7－01－018970－3　定价：39.00 元

邮购地址 100706　北京市东城区隆福寺街 99 号
人民东方图书销售中心　电话（010）65250042　65289539